사랑방 야화 ②

글·그림 **조주청**

농민신문사

프롤로그

아련한 그 시절
그 아지매가 그립네

곱게 화장한 여인이 장옷을 팔에 걸치고 우리 집에 들어올 때면 할머니가 반갑게 맞았다.

할머니에게 사뿐히 절을 하고 얌전히 고개를 드는 모습은 지금 생각하면 예쁘다기보다 기품있어 보였던 것 같다. 어머니보다는 나이가 많아 보였으니 마흔 살 이쪽저쪽이었지 싶다.

그 여인과 할머니는 겸상으로 식사를 했고, 저녁상을 물리고 나면 하나, 둘 동네 아낙들이 모여들어 어느새 우리 집 안방, 건넛방, 대청마루는 발 디딜 틈이 없어진다.

그때 그 여인이 등장한다. 툇마루 기둥을 등지고 선 여인의 분바른 얼굴은 마룻바닥에서 비추는 촛불에 어려 전혀 다른 사람처럼 보였다.

입추의 여지없이 모여 든 동네 아낙들의 침 삼키는 소리인 적막을 그 여인은 장화홍련전의 보따리를 푸는 것으로 깼다.

    그 여인의 목소리는 높았다, 낮아졌다, 굵었다, 가늘었다. 남자 목소리, 여자 목소리, 아이 목소리, 노인 목소리… 자유자재로 천변만화 했다.

    귀신 목소리를 낼 때면 대들보 위에서 나는 듯했고, 개소리를 낼 때면 개가 마루 밑에서 기는 듯 했다. 장화, 홍련이 계모에게 구박 받을 땐 여기서 저기서 훌쩍훌쩍, 동네 아낙네들이 눈물바다를 이뤘다.

    할머니 다리를 베개 삼아 누웠던 어린 나는 잠들기 일쑤였지만 그 여인의 입담에 우리 집이 떠나갈 듯 하던 아낙네들 웃음소리에 잠을 깨곤 했다.

    일 년에 두 세 차례 그 여인이 찾아왔다.

    여름이면 모깃불을 피워놓고 깔아 놓은 마당 멍석 위에서 그 여인의 공연이 펼쳐졌다.

프롤로그 5

    그 여인이 하루 공연을 마치면 동네 아낙네들은 돌아가기 전에 각자 집에서 들고 왔던 쌀 한 홉, 보리 두어 홉, 혹은 동전 한 닢을 입장료(?)로 내려고 하지만 할머니 손짓에 모두 도로 가져갔다.
    할머니 방에서 자고 이튿날 떠나는 여인은 할머니가 곳간에서 퍼 담아준 쌀자루를 머리에 이고 또 어디론가 떠났다.

    그 여인은 전기수(傳奇叟)! 그러니까 프로 이바구꾼이었다.
    라디오가 나오고 극장이 생기면서 프로 이바구꾼인 전기수(傳奇叟)의 명맥이 끊어졌다.
    그 즈음 우리 동네에는 새로운 아마추어 이바구꾼이 나타났다.
    우리 집 아래 사는 일찍 홀로 된 큰 고모님이다. 그 고모님의 입담이 보통이 아니었다.
    동네 여자들이 모이는 곳에 큰 고모님이 끼었다 하면 방안도, 우물가도 뒤집어졌다. 레퍼토리의 상당량은 그 때 이바구꾼 여인으로부터 얻은 것이라는 걸 나중에 큰고모님이 고백했다.
    에로틱한 이바구도 많았다는 것을 어른이 되어 알았고, 또한 우리

조상들의 해학이 이토록 절묘한 줄 나중에 알았다.

  그것을 먼저 깨달은 일부 저자들이 전해 내려오는 선조들의 재치를 책으로 엮은 것이 많다. 필자가 그 일부를 졸문으로 개작하고 창작해서 어쭙잖은 그림을 곁들였다. 그동안 농민신문에 연재했고 이번에 그 내용을 정리해서 두 번째 책으로 묶었다.

  이 책 속에서 필자는 그 옛날 대청마루 위의 여인이 되어 보았다. 외람되게도 전기수(傳奇叟)역할을 자청했다. 이미『사랑방야화1』이 독자들의 호응에 힘입어 수천 권이 세상 속으로 스며들었다. 고맙게도 그 독자들의 요청쇄도에『사랑방야화2』을 다시 세상으로 내 보낸다.

  여유 없이 급박하게만 돌아가는 세상에서 잠시, 멋을 알았던 우리네 선조들의 삶속으로 들어가 아련한 향수를 느끼게 된다면 전기수(傳奇叟)인 필자로서는 더 바랄 게 없겠다.

  책 출간에 애써 준 모든 분들에게 감사를 전한다.

2012년 구월, 필자 조주청

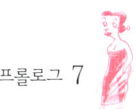

차 례

1부

- 14 … 숙맥선비
- 17 … 의기양양 달님이
- 20 … 쌀 도둑
- 23 … 소는 잘못이 없다
- 26 … 월천꾼
- 29 … 쇠뿔
- 32 … 부엉이골 총각 사냥꾼
- 35 … 엽전 주머니
- 38 … 어수룩한 촌사람
- 41 … 심봉사의 근심거리
- 44 … 요분질
- 47 … 세 번째 며느리
- 50 … 가난한 집 며느리
- 53 … 당나귀와 닭
- 56 … 효자 상, 불효 벌
- 59 … 임계댁 아침에 옷고름 풀다
- 62 … 산삼
- 65 … 지관이 되다

68 … 도둑
71 … 노가자 냄새
74 … 새경 깎기
77 … 죽어 마땅한 놈
80 … 웃는 집안, 한숨 집안
83 … 친정 조카
86 … 고추 한 배
89 … 학동과 머슴
92 … 호구 별성마마
96 … 약사발 정성
99 … 고로쇠와 은어
102 … 운명을 깨다
105 … 코 큰 남자, 입 작은 여자
108 … 여승
111 … 붓 장수
114 … 외눈박이를 죽여라
117 … 젓 장수

2부

- 122 … 이주국의 배짱
- 125 … 공부머리, 장사머리
- 128 … 잡혀가는 국사범
- 131 … 학질 고치기
- 134 … 소가 된 사람
- 137 … 육희(六喜)
- 140 … 찬모의 눈물
- 143 … 까막눈
- 146 … 움켜 쥔 단추
- 149 … 그때 그날 밤
- 152 … 금주발 뚜껑
- 155 … 대밭골
- 159 … 까막눈 뱃사공
- 162 … 젊은 도둑님
- 165 … 싸움의 기술
- 168 … 탁란(托卵)

172 … 홍어
175 … 황룡을 품다
178 … 큰 것이 탈
181 … 황대감의 유언
184 … 죽마고우
188 … 귀신들의 속삭임
191 … 손 씻은 물
194 … 복상사
197 … 두 가지 패
200 … 사또의 울화병
203 … 나루터 주막
206 … 산통
209 … 산삼이냐 장뇌냐
212 … 요분질
215 … 황소
218 … 음양구분환
223 … 여우 한마리
226 … 영악한 마누라
230 … 흑룡의 여의주

1부

부인이 발버둥 쳐보았지만
이내 발가락을 오므리고 윤참판의
등을 움켜잡았다.
땀범벅이 된 부인이 옷매무새를 고치고
"못 말리는 대감" 눈을 흘기며
싸 놓았던 보따리를 풀었다.

- 여승 中

숙맥선비

　파장이 가까워져 오는데도 닭을 열 마리도 팔지 못한 닭장수는 쪼그리고 앉아 잔뜩 인상을 쓰고 애꿎은 담배만 박박 피우고 있는데, 꼴에 선비랍시고 떨어진 넓은 갓을 쓰고 땟국이 흐르는 두루마기에 염소수염을 매단 어리숙한 사람이 뚫어지게 장닭을 내려다보더니 대뜸
　"이게 얼마요?" 라고 묻지 않고
　"이게 뭐요?" 라고 물어 닭장수의 부아를 돋우는 것이다.

할 말을 잃고 촌선비를 째려보던 닭장수가
"봉황이요 봉황!" 냅다 고함을 질렀다.
"이게 말로만 듣던 봉황이로구나."

촌선비가 허리를 숙여 장닭에 코가 닿을 듯이 보더니
"이게 얼마요?"라고 묻자
"쉰 냥이요 쉰 냥."
닭장수는 소리 질렀다.
촌선비는 뒤돌아서서 허리춤을 풀고 만지작거리더니 쉰 냥을 닭장수 손에 쥐여주고 닭을 안고 유유히 사라졌다.
"우헤헤헤 이게 웬 횡재냐!"
온종일 장사한 것보다 단 한방에 더 많은 돈을 챙긴 닭장수는 입이 찢어졌다. 닭값의 열 배도 더 받아 챙긴 것이다.
'저런 미친놈이 하루에 한 놈만 걸려도 좋으련만…'
닭장수가 신이 나 선술집에서 막걸리 사발을 비우고 있을 때 동헌에서는 희한한 일이 벌어졌다. 이방이 사또에게 다가가
"나리, 웬 미친놈이 수문장에게 떼를 쓰며 사또께 봉황을 올리겠다고 야단입니다."
'봉황?!' 사또는 눈이 둥그레졌다.
꾀죄죄한 선비가 보자기로 싼 봉황(?)을 들고 사또 앞에 섰다.
"그 속에 봉황이 들었단 말이냐?"
"그러하옵니다. 불철주야 우리 고을을 위해 애쓰시는

사또님께 드리려고…"

선비가 보자기를 풀자 장닭이 사또를 우롱하듯이 홰를 치며 꼬끼요~~~목청을 뽑았다.

"네 이놈! 이 사또를 농락하는 게냐. 여 봐라. 저놈에게 매운 곤장 스무 대를 맛보여라."

"사또 나리, 분명히 봉황이라 해서 사왔습니다."

선비가 봉황(?)을 사게 된 자초지종을 설명하자 곧이어 닭장수가 잡혀 왔다.

"네놈은 이 순진한 선비에게 닭을 봉황이라 속여 팔았겠다."

얼굴이 불콰해진 닭장수가

"사또 나리 그게 아니고…"

선비가 닭장수의 설명을 가로챘다.

"소인이 아무리 본데없는 숙맥이라지만 닭 한 마리를 삼백 냥이나 주고 살 턱이 있겠습니까?"

"뭐, 뭐, 뭐라고? 오십 냥을 받았지 내가 언제 삼백 냥을 받았어?!"

닭장수가 소리를 질렀지만 벌써 판세는 결정이 났다.

투자한 돈의 여섯 배인 삼백 냥을 챙긴 선비는 동헌을 나와 휘파람을 불며 주막으로 향했고 동헌에서는 철썩철썩 닭장수의 볼기짝 맞는 소리가 바깥까지 들렸다.

의기양양 달님이

　요즘 들어 이상한 것은 대감이 안방 행차를 잊어버린 것이다. 한 장마다 한 번씩은 안방을 찾고 친구들과 술이라도 걸친 날은 이틀 만에도 찾아와 옷고름을 풀어주던 대감이 마님을 찾아온 지 까마득하다. 기억을 더듬어보니 스무날이 넘었다.
　좀이 쑤신 마님이 늦은 밤 부엌에서 뒷물하고 분을 바르고 간단한 술상을 차려 안마당을 건너 대감 사랑방으로 갔다. 부스스 일어난 대감은 고뿔 기운이 있다며 술잔도 받지 않고 생감 씹은 표정으로 술상의 젓가락조차 잡지 않았다.

"푹 주무십시오."

마님은 대감에게 한마디 던지고 무안하게 술상을 들고 안방으로 돌아와 혼자서 한숨을 안주 삼아 술 주전자를 다 비워버렸다. 대감이 정말 고뿔 기운으로 나를 찾지 않는 건가? 어디 첩이라도 얻은 건가? 별생각을 다 하다 동창이 밝았다.

며칠 뒤 우연한 기회에 수수께끼가 풀렸다. 마님이 속이 안 좋아 뒷간에 가려고 일어났더니 밤은 깊어 삼경인데 교교한 달빛 아래 번개처럼 안마당을 스쳐 가는 인기척을 보고 살며시 뒤따라 대감방 밖에서 귀를 세웠더니 달님이 년의 비음이 새나오는 것이 아닌가! 안 그래도 요즘 부엌데기 달님이 년이 엉덩이에 육덕이 오르고 눈웃음에 색기가 올라 하인들이 군침을 흘리는 걸 안방마님은 못마땅한 눈으로 지켜봤다.

일이 난감하게 됐다. 대감을 족칠 수도 없고 점잖은 체면에 새파란 하녀와 투기로 싸울 수도 없어 마님은 부글부글 속만 끓이고 있었다. 밤이 되자 마님은 잠도 안 자고 달님이를 지켰다. 그런 날은 달님이도 꼼짝하지 않았다.

어느 날 대감이 싸리재 넘어 잔칫집에 갔다가 밤중에 돌아오더니 마당에 마중 나온 마님에게 말했다.

"부인, 달님이 내 방으로 보내시오, 다리 좀 주무르게."

속이 뒤집어졌지만 보내지 않을 수 없었다. 달님이 년 이제는 마님을 대하는 태도도 달라졌다. 고개를 꼿꼿이 쳐들고 성큼성큼 대감 방으로 들어가 문을 '쾅' 하고 닫는 것이다. 얼마나 지났을까 마님이 발뒤꿈치를 들고 대감 방문 앞에서 귀를 세우는데 '쾅' 문이 열리며 달님이년 한다는 말 좀 보소.

"들어와 지키세요."

얼굴이 벌겋게 달아올라 안방으로 돌아온 마님은 냉수를 벌컥벌컥 들이켰다.

"너, 국에다 소금가마니를 삶았냐! 간이 이게 뭐냐. 쯧쯧, 없는 집에서 자라 모든 반찬이 소태야 소태."

마님은 달님이에게 사사건건 시비를 걸었다.

"너는 도대체 제대로 하는 게 없어."

한쪽 귀로 흘려듣던 달님이 반격을 가해왔다.

"제가 마님보다 못하는 게 뭐가 있지요? 대감어른이 그러시는데 바느질도 제가 낫고 음식솜씨도 제가 낫다고 합니다."

"이년이 못하는 말이 없구나. 당장 이 집에서 나가거라."

"나가라면 못 나갈 줄 알고요."

달님이년 보따리를 싸들고 나서면서 고개를 홱 돌리며 말했다.

"대감어른이 이부자리 속 요분질도 제가 훨씬 낫다고 합니다."

한참 뜸을 들인 달님이 년이 배시시 웃으며 말했다.

"마당쇠도 그럽디다, 뭐."

마님은 사색이 되어 버선발로 달려나가 달님이를 잡고 안방으로 밀며 비단결 같은 목소리로 말했다.

"달님아, 그런다고 진짜로 나가면 어쩌냐. 며칠 푹 쉬어라, 부엌살림은 내가 할게."

쌀 도둑

김초시는 과거만 보면 떨어져 한양구경이나 하고 내려오지만, 도대체 기가 죽는 법이 없다.

집에 들어서자마자 마누라더러 "닭 한 마리 잡아서 백숙해 올리지 않고 뭘 하냐"며 큰소리를 친다.

머슴도 없이 김초시 마누라는 꼭두새벽부터 일어나 모심고 피 뽑고 나락 베고 혼자서 농사를 다 짓는다. 논에서 일하다가도 점심때가 되면 부리나케 집으로 돌아와 김초시 점심상을 차려주고 다시 논으로 종종걸음을 친다.

김초시는 식사 때를 조금이라도 넘기면

"여편네가 지아비를 굶겨 죽이기로 작정했지"라며 고래고래 고함을 지르고 말끝마다

"무식한 여편네"라고 무시한다.

어느 봄날, 온종일 밭에 나가 일하고 들어와 안방에서 바느질하는데 사랑방에서 글을 읽던 김초시가 들어와 호롱불을 후~ 꺼버리고 마누라를 쓰러트렸다. 그때 부엌에 쌀 도둑이 들어왔다. 쌀 도둑은 쥐 죽은 듯이 웅크리고 앉아 안방에서 먹구름이 몰아쳐 소나기가 쏟아지기를 기다리고 있었다.

김초시가 마누라 치마를 벗기고 속치마를 올리고 고쟁이를 내렸다. 운우의 숨소리가 한창 가빠질 때 도둑은 쌀독을 열고 자루에 쌀을 퍼 담기 시작했다. 가쁜 숨을 몰아쉬는 김초시 귀에 대고 마누라가 속삭인다.

"쌀 도둑이 들어왔소."

김초시 방망이는 갑자기 번데기처럼 줄어들어 이불을 덮어쓴 채 방구석에 처박혀 와들와들 떨고 있다. 김초시 마누라는 치마끈을 매면서도 계속 가쁜 숨을 몰아쉬며

"여보 여보, 더더더"라고 교성을 질러 쌀 도둑을 안심시켰다. 얼마나 지났을까.

갑자기 김초시 마누라가 부엌문을 차면서 "도둑이야"라고 고함을 지르자 쌀 도둑은 혼비백산 걸음아 나 살려라. 도망쳤다. 아직도

김초시는 이불을 덮어쓰고 구석에 쪼그리고 앉아 벌벌 떨고 있다. 김초시 마누라가 부엌에 나가 쌀독을 덮고 방에 들어오자 그제야 정신을 차린 김초시는 깐에 남자라고 어흠, 어흠 하면서 정좌를 하고서는 "쫓으려면 진작에 쫓을 것이지 웬 뜸을 그리 들여 사람을…."

김초시 마누라는 눈도 깜빡이지 않고 "도둑이 쌀을 두세 바가지 퍼 담을 때 '도둑이야' 소리치면 쌀자루가 가벼워 도둑이 퍼 담은 자루를 들고 도망칠 것이고, 여덟아홉 바가지를 퍼 담았을 때 소리치면 쌀이 자루에 그득해 땅에 쏟아질 것 아니요. 다섯 바가지는 들고 도망가기엔 무겁고 쏟아지기엔 자루에 쌀이 가득 차지 않아 그때를 기다렸지요."

김초시는 벌떡 일어나더니 사랑방으로 달려가 읽던 책을 몽땅 쓸어 담아 아궁이에 태워버렸다. 이튿날부터 그는 들에 나가 밭을 갈고, 마누라를 하늘같이 떠받들며 "부인" 이라 불렀다.

소는 잘못이 없다

 이첨지는 황소를 몰고 장으로 갔다. 소 장터는 거간꾼들이 흥정을 붙이고 살 사람 팔 사람은 값을 깎으랴, 올리랴 부산하게 떠들어댔다. 이첨지는 황소를 팔아서 암소를 살 참이다. 여기 기웃, 저기 기웃 솟값을 알아보다 "사돈" 소리에 뒤돌아보니 사돈도 소고삐를 잡고 있다.
 "어쩐 일입니까, 사돈?"
 이첨지가 묻자 사돈이 말했다.
 "이 암소를 팔러왔지 뭡니까, 이걸 팔아 황소를 사려고요."

"나는 이 황소를 팔아 암소를 사려던 참인데."

두 사돈의 필요조건이 두 동강이 난 사발, 이를 맞추듯 서로 똑 떨어지게 맞았다.

"우리 서로 바꿉시다."

"암, 그래야지요."

둘은 소고삐를 바꿔 쥐며 거래를 끝냈다.

"사돈, 내가 오늘 사돈을 만나지 않았다면 이 황소를 파느라 애를 먹을 것은 둘째치고 거간꾼에게 구전을 얼마나 뜯겼겠습니까. 구전을 벌었으니 제가 구전만큼 한잔 사겠습니다."

둘은 주막집 마당 구석에 소 두 마리를 매어두고 술을 마시기 시작했다.

"우리 딸년이 사돈을 잘 모시는지 자나 깨나 걱정입니다."

"우리 집에 복덩이가 들어왔습니다. 개가 우리 집에 오고 난 후 해마다 논 한 마지기를 삽니다."

화기애애하게 이첨지와 사돈은 대낮부터 부어라, 마셔라 호리병이 앉아 있을 사이가 없다. 얼마나 마셨나, 이첨지가 계산을 하고 나오자 사돈이 말했다.

"구전은 나도 벌었지요."

둘은 다른 주막에 가서 또 술판을 벌였다.

이첨지가 말했다.

"내 황소를 팔고 사돈 암소를 판 구전은 우리가 찾아 먹었지만 내가 암소를 사고 사돈이 황소를 산 구전은 아직 남았잖소."

"맞아, 맞아."

그들은 말도 서로 놓으며 또 다른 주막에 가서 밤 깊은 이경까지 술이 술을 마셨다. 주막을 나와 고주망태가 된 이첨지는 사돈과 바꾼 암소에 올라타고, 사돈은 이첨지의 황소를 타고 각자의 집으로 갔다.

암소 등에서 떨어지다시피 내린 이첨지를 마누라가 부축하며
"모두 영감 기다리다 이제 잠들었소. 조용히 하세요."

이첨지는 안방으로 들어가자 옷을 훌훌 벗어 던지고 마누라를 껴안았다. 마누라는 술 냄새가 코를 찔러 고개를 돌렸다.

날이 새자 한 이불 속에서 벌거벗은 이첨지와 안사돈이 비명을 터뜨렸다. 거의 비슷한 시간에 감골 이첨지의 집 안방에서도 비명이 터졌다.

소 잘못이 아니다. 소는 주인이 바뀐 줄도 몰랐고, 새 주인의 집도 몰랐다. 고주망태를 태우고 그저 자기 살던 집으로 갔던 것이다.

월천꾼

음풍천 외나무다리가 서너 해 전 큰 장마에 떠내려가고 나서 가장 답답해야 할 억쇠네는 새 다리를 놓지 않았다. 노모를 모시고 음풍천 가에 살며 산비탈 화전 밭뙈기 농사에 매달리던 열아홉 총각 억쇠는 기발한 생각을 떠올렸다. 허구한 날 손가락이 닳도록 일해 봐야 두 식구 입에 풀칠하기도 어려워 새로운 돈벌이를 생각해 낸 것이다. 바로 '월천꾼'(사람을 업어서 내를 건네주는 일을 직업으로 하던 사람)이었다.

덩치 큰 총각 억쇠는 매일 아침이면 음풍천 냇가로 출근한다. 원하는 사람을 업어 건네주고 오전씩 받아 챙기는 돈도 쏠쏠하지만, 더 큰 재미는 다른 데 있었다.

어느 날, 마흔쯤 되어 보이는 대갓집 마나님이 몸종을 데리고 음풍천 냇가에 다다랐다. 억쇠가 냇가에 앉아 못 본 척 하늘의 뜬구름만 보고 있자니 마님이

"자네가 월천꾼인가?" 물어, 억쇠가 힐끔 쳐다보며

"그렇습니다만…" 하면서 말끝을 흐렸다.

"그러면 그런 거지, 끝에 '만'은 왜 붙이는가?"

"마님은 월천을 시킬 수 없습니다."

능글맞은 억쇠 녀석의 목멘 소리에 마님이 약간 노기 띤 소리로 물었다.

"어떤 연유로?"

"양반집 마님들은 가마라도 탄 듯이 소인의 두 손을 아무 데도 잡지 못하게 합니다. 물살은 급하고 발아래는 이끼 낀 자갈인데…"

"그건 걱정하지 않아도 좋을 게야."

마님의 말에 억쇠 녀석이 떡판 같은 등짝을 댔다.

"비단 치마는 걷어 올려 치마끈에 끼우십시오. 제 손이 미끄러지고 마님의 치마도 젖습니다."

주저하던 마님이 치마를 올리자 새하얀 고쟁이 아래로 푸짐한 육덕이 그대로 드러났다. 억쇠가 마님을 업고 음풍천으로 들어갔다. 솥뚜껑 같은 억쇠의 두 손이 마님의 엉덩이를 주무르기 시작하자 억쇠의 목을 감싼 마님의 손이 억쇠의 가슴팍을 때렸다.

억쇠의 어깨너머 아래를 내려다보던 마님의 입에서 '어머머' 소리가 저절로 나왔다. 억쇠의 양물이 물에 젖은 바지를 뚫고 튀어나올 듯이 곤추선 것이다.

남편이란 게 제삿날에만 상판대기를 비추고 허구한 날 첩의 치마폭 속에 살아서 남자 냄새 맡은 지가 까마득한 마님은 그만 화끈 달아올랐다. 엉큼한 억쇠 녀석은 일부러 깊은 물 속으로 들어가 마님의 엉덩짝이 살짝 물에 잠기도록 해 놓고 손가락으로 마님의 옥문까지 건드렸다. 마님의 숨소리가 넘어갈 듯 가빠졌다.

음풍천을 건너자 억쇠는 마님을 업은 채 숲 속으로 들어갔다. 폭풍이 지나가고 옷매무새를 고치며 마님이 조용히 말했다.

"나는 이 길로 고갯마루에서 기다릴 테니 행랑아범의 마누라인 나의 몸종에게도 자네의 양물 맛을 보이도록 하게."

엽전을 듬뿍 받은 억쇠는 음풍천을 다시 건너 이번엔 몸종을 업었다. 내를 건너며 잔뜩 달궈 놓고 내를 건너 숲 속에 쓰러트리자 몸종은

"마님, 살려 주세요" 소리쳤지만 억쇠는

"자네를 기쁘게 해 주라는 마님의 분부가 있었네" 하며 지그시 눌렀다.

몸종도 알아차렸다. 몸종의 입을 틀어막는 데는 이 방법이 제일이라는 것을. 또다시 운우가 지나가고 옷매무새를 고친 몸종은 고갯마루로 올라가 마님과 만났다. 마님이나 몸종이나 평생토록 음풍천 건너던 일에 대해서는 굳게 입을 닫았다.

쇠뿔

해거름에 최참봉이 얼큰하게 취해서 뒷짐을 지고 집으로 돌아왔는데, 대문 앞에 절름발이 거지 하나가
"동냥 좀 줍쇼" 라며 가느다란 목소리를 겨우 뽑아내고 있었다.
"다른 집으로 가봐라."
뒤에서 최참봉이 걸걸한 목소리로 소리치자 피골이 상접한 거지는

울상으로 최참봉을 올려다보며

"나리, 이틀을 굶었습니다요. 목숨 좀 살려주십시오" 라며 애걸했다.

"다른 집으로 가라 하지 않았느냐!"

최참봉의 목소리는 고함으로 변했다. 삐그덕, 솟을대문이 열리며 최참봉의 집사와 청지기·머슴들이 주인의 고함소리에 놀라 우르르 몰려나왔다.

"나리~."

거지의 목소리가 끝나기도 전에 최참봉이 절름발이 거지의 목발을 밟아 부러뜨려 도랑으로 집어던지고 바가지를 박살냈다.

"당장 꺼지지 않으면 네놈의 성한 다리도 분질러 버리겠다."

그때 그곳을 지나가던 노스님이 최참봉을 가로막으며 절름발이 거지를 일으켜 세웠다.

거지를 부축한 노스님이 손을 털고 있는 최참봉을 빤히 쳐다보더니 "쯧쯧쯧, 재운은 넘쳐나는데 명운이 다 됐구려" 라고 말했다.

대문 안으로 들어가던 최참봉이 걸음을 멈추고 '획' 돌아섰다.

"뭐라고?"

"4월 초나흘, 쇠뿔에 받혀서 죽을 운세요."

"여봐라, 저 땡초의 주둥이를 짓이겨라."

청지기와 머슴들이 노스님을 엎어놓고 얼굴을 밟았다. 피투성이가 된 노스님이 대문 앞에서 혼절하자 최참봉과 수하들은 안으로 들어가고, 대문은 '쾅' 닫혔다.

아직도 분이 덜 풀린 최참봉은 씩씩거리며 술상을 차려오라고 고함을 질렀다. 최참봉은 천석군 부자지만 탐욕은 끝이 없어 보릿고개에 장리쌀을 놓아 가을이면 가난한 사람들의 논과 밭을 빼앗고, 소작농 부인을 겁탈하고, 고리채로 남의 집 딸을 차지했다.

열흘이 지나 3월 그믐이 되자 노스님의 말이 꺼림칙하게 떠올랐다. 집사를 불렀다. 최참봉의 엄명을 받은 집사는 온 동네 소를 가진 집을 돌아다니며 그날부터 소를 외양간에 가둬 소고삐를 단단히 매고 외양간 문을 잠그도록 일렀다. 어느 안전이라고 최참봉의 명을 거역할까. 최참봉 머슴들은 온 동네를 휘젓고 다니며 외양간 문에 대못질까지 했다.

4월 초나흘 꽃 피고 새 우는 화창한 봄날, 대문을 굳게 잠그고 사랑방 문도 잠근 채 담배를 피우고 있던 최참봉은 땡초의 헛소리에 이 난리를 친 자신이 싱거워졌다.

"황소가 천정에서 떨어질 건가."

사랑방 문을 열고 문지방에 팔을 걸치고 비스듬히 누워 귀를 후볐다. 그때 한줄기 봄바람이 불어 문이 닫히며 최참봉의 팔꿈치를 쳤다. 귀이개가 깊이 박히며 귓속에서 선혈이 쏟아지고 '꽥' 소리 한번 못 질러 본 최참봉은 혀를 빼고 지옥 길에 올랐다.

그 귀이개는 쇠뿔로 만든 것이었다.

부엉이골 총각 사냥꾼

 한 젊은이가 병을 앓고 있었는데, 그 형은 이름난 의사이건만 한번 와서 들여다보고 땅이 꺼지라 한숨만 푹푹 쉬다 갔을 뿐, 이렇다 할 말이 없었다.

부인은 안달이 났다.

"아주버님! 아비 병이 심상치 않습니다. 약 좀 주십쇼."

대답을 않자 며칠 뒤 찾아가서는

"다른 곳에 가사서 쓰겠으니 약방문이라도 내주십시오."

그래도 대답을 않자 다음날은,

"정당한 값을 드릴 테니 약을 파십시오."

그날 저녁때 남편의 기운이 아주 기울어지는 것을 보고 찾아가서는 화를 내며 말했다.

"그놈의 의술인지 발금쟁인지 배워 가지고, 동생이 죽어가는데 약도 안 일러주고, 팔라고 해도 안 팔고… 이 댁 가문 인심은 이런 거요?"

형은 어이없어하며 사방을 둘러보더니,

"모르겠소. 장끼나 구해다 먹여 보시우."

"그까짓 거 한마디 일러주기가 그렇게 힘들단 말이오?"

한마디 쏘아붙이고 횡 하니 집으로 돌아와 보니 남편은 오늘 밤 넘기기가 난망하고 밖엔 벌써 어둠살이 내렸는데 어디 가서 장끼를 잡아 온단 말인가.

그때, 장날마다 사냥감을 메고 나오는 떠꺼머리총각 사냥꾼이 떠올랐다. 서둘러 초롱불을 들고 재 넘고 개울 건너 부엉이골로 종종걸음을 했다. 산골짜기에 혼자 사는 총각 사냥꾼의 너와집에서 불빛이 새 나온다. 아뿔싸, 너무 급한 걸음에 잔설을 밟고 미끄러지며 발을 삐어 주저앉고 말았다.

"사람 살려주시오."

부인은 사냥꾼 집을 향해 소리쳤다. 노총각 사냥꾼이 내려와 부인을 들쳐 업었다.

부인의 육덕이 푸짐해서 엉덩이를 두 손으로 받쳐 든 총각 사냥꾼은 그만 양물이 불뚝 솟구쳤다. 총각의 목덜미를 깍지 끼고 바위 같은 등에 업힌 부인은 남자 냄새를 맡은 지 얼마이던가. 방문을 열고 들어올 땐 둘 다 불덩어리가 돼 누가 먼저랄 것도 없이 치마를 올리고 바지를 내리고 엉켜서 뒹굴었다.

땀이 범벅돼 헝클어진 머리를 매만지고 옷매무새를 고친 부인은 자초지종을 얘기할 겨를도 없이

"장끼 한 마리만 주시오" 라고 말했다.

총각이 잡아놓은 장끼 세 마리를 모두 주자 부인은 발을 절며 골짜기를 내려갔다.

부랴부랴 장끼를 고아 사발에 퍼서 방으로 들어가자 맛도 보기 전에 벌써 남편은 생기를 찾기 시작했다. 부인이 떠먹여 주자 나중엔 제 손으로 퍼먹었다.

이튿날, 언제 아팠냐는 듯 남편은 거뜬하게 일어났다. 오후에 슬픈 소문이 돌았다. 부엉이골 총각 사냥꾼이 밤사이 상처 하나 없이 죽었다는 것이다.

형이 보니 동생이 죽을 운수보다도 계수가 과부살이 꼈던 것이라, 호적에 오른 것만이 남편인가? 남편 노릇 한 놈이 죽으면 과부인 것이지, 그래서 계교를 쓴 것이었다. 총각은 애매하게 대수대명(代數代命)에 간 것이다. 그러기에 오랜 병으로 앓는 사람의 계집은 넘보는 것이 아니라고들 한다.

엽전 주머니

　한양에서 별감이 내려왔다. 별감이라야 대수로운 벼슬도 아니지만, 이 동네에서는 가장 출세한 사람이다. 어린 시절 함께 뒹굴고 서당에서 공부하던 고향 친구들이 모였다. 별감은 목이 뻣뻣해졌고 고향 친구들이란 작자들은 낯 뜨겁게 아부질이다.

"별감 나리, 신수가 훤하시네."

눈을 내리깐 별감이 고개를 끄덕이며

"자네 이름이 용천, 아니 영철이던가."

고향 떠난 지 3년도 안 돼 친구 이름까지 까먹었다.

"용철이네."

"아, 그래 용철이. 자네 훈장님한테 매도 많이 맞았지."

옆에 있던 기생 도화가 까르르 웃었다.

꽃 피고 새 우는 화창한 봄날, 집안이 넉넉한 친구 셋이 별감 친구를 모시고(?) 화전놀이를 가는 참이다. 한 친구는 10년 동안 땅속에 묻어뒀던 산삼주를 꺼내왔고 한 친구는 씨암탉을 잡고 산적에다 화전을 부칠 준비를 해오고 나머지 한 친구는 기생 도화를 돈을 주고 데려왔다.

앞장선 도화가 어깨춤을 추며 산길을 오른다. 진달래꽃은 불타고 개울엔 콸콸 옥수가 흐르고 산새는 울고 하늘은 맑고 봄바람은 분다. 그들은 목적지 마당바위 앞에서 딱 걸음을 멈췄다.

"껄껄껄, 여기는 어인 일인가?"

해진 갓을 삐딱하니 쓰고 장죽을 꼬나문 주정뱅이 해학이 어떻게 냄새를 맡았는지 먼저 와서 마당바위에 좌정하고 앉아 시치미를 떼고 오히려 별감 일행을 내려다보며 묻는다. 어린 시절 함께 서당에서 공부한 불청객 해학은 별감에게 거리낌 없이 말했다.

"봉팔이, 너 왔다는 소리는 들었다."

분위기는 깨졌지만, 술판은 벌어졌다.

친구 하나가 기생 도화에게 귓속말로

"10년 묵은 산삼주를 해학이 잔에는 조금씩 따라라."

도화는 다른 사람들 술잔은 넘치게 따랐지만, 불청객 해학의 술잔은 반도 차지 않게 술을 부었다.

소피보러 숲 속으로 가는 도화를 해학이 따라갔다.

"도화야, 이거 받아라."

도화는 눈이 둥그레져 엽전 주머니를 받았다.

"도화야, 부탁이 하나 있다. 내가 배탈이 나서 닷새 동안 하루에 죽 한 공기로 살았다. 술을 마시면 안 되는데 오랜만에 친구를 만나서…. 내 잔엔 따르는 시늉만 해다오."

'어려울 것 없지. 아니어도 그 귀한 술, 해학에겐 조금씩 따르라 했는데.'

숲 속에 앉아 소피를 보며 도화는 해학에게 받은 돈주머니를 열어봤다.

한지로 돌돌 쌓여 있는 엽전 뭉치가 묵직하다. 한지를 펴던 도화는 오줌발이 똑 끊겼다. 동전이 아니고 모두가 사금파리였던 것이다. 이를 악 다물고 돌아온 어린 기생 도화는 너 죽어보라는 듯이 해학의 술잔에 술을 가득 따랐다. 죽을상을 하고 마신 술잔에 연거푸 산삼주를 따랐다.

호리병이 바닥난 걸 보고 해학은 별감 곁으로 가서 귓속말로

"도화 저년은 건드리지 말게. 내가 한 달 전에 합방했다가 아직도 매독으로 고생하고 있네."

지난밤, 도화를 품었던 별감은 울상이 됐다. 트림을 거하게 한 해학이 껄껄 웃으며 자리를 떴다.

어수룩한 촌사람

서울 종로에서 가장 큰 원앙포목점의 곽첨지는 악덕 상인이다. 촌사람이 오면 물건값을 속이고 바가지를 왕창 씌운다. 조강지처를 쫓아낸 후 첩을 둘이나 두고 화류계 출신 첫째 첩에겐 기생집을 차려줬고, 둘째 첩에겐 돈놀이를 시켰다.

어느 날 어수룩한 촌사람이 머슴을 데리고 포목점에 들어왔다. 곽첨지는 육감적으로 봉 하나가 걸려들었다고 쾌재를 부르며 친절하게 손님을 맞았다. 촌사람은 맏딸 시집보낼 혼숫감이라며 옷감과 이불감을 산더미처럼 골랐다.

곽첨지는 흘끔 촌사람을 보며 목록을 쓰고 주판알을 튕겨 나갔다.

"전부 430냥입니다요. 이문은 하나도 안 남겼습니다요."

"끝다리는 떼버립시다. 내후년에 둘째 치울 때는 에누리 한 푼 안 하리다."

"이렇게 팔면 밑지는 장산데…."

곽첨지는 짐짓 인상을 쓰면서 400냥에 합의를 봤다. 포목점 시동들이 보따리를 꾸리는데 촌사람 왈

"돈을 제법 가지고 나왔는데 패물 장만하느라 다 써버렸으니 조금만 기다리시오."

하고는 데리고 온 머슴에게

"만석아, 얼른 집에 가서 집사람에게 400냥만 받아 오너라."

명했다. 그러자 총각 머슴은

"나으리, 그래도 한두 자 적어 주시지요." 라며 머리를 긁적였다. 촌사람은 혀를 찼다.

"네놈이 집사람에게 신용을 단단히 잃은 모양이구나."

그 모양새에 눈치 빠른 곽첨지는 "확실하게 하는 게 좋지요." 라며 지필묵을 꺼내왔다. 촌사람이 소매를 걷자 오른손에는 붕대가 칭칭 감겨 있었다.

"끓는 물에 손을 데서…."

그가 붕대 감은 손으로 붓을 잡으려 애쓰자 곽첨지가 "제가 받아 적을 테니 말씀만 하시라" 며 얼른 붓을 받아들었다. 촌사람은 헛기침 후

문구를 불렀다.

"임자, 이 사람 편에 400냥만 얼른 보내시오."

곽첨지가 쓴 편지를 받아든 머슴이 휑하니 포목점을 나갔다. 곽첨지는 자기가 점심을 사겠다며 촌사람의 소매를 잡아끌었다. 두 사람은 포목점 뒤 순라 골목 주막에 가서 막걸리를 곁들여 푸짐하게 점심을 먹었다.

한데 화장실에 간 촌사람은 오지 않았고, 지겹게 기다리던 곽첨지가 화장실을 뒤져봐도 촌사람이 보이지 않는다. 포목점으로 돌아가 봐도 촌사람은 없고 돈 가지러 간 머슴도 오지 않았고 혼수 보따리만 덩그렇게 남아 있었다. 그때까지도 곽첨지는 안심했다.

"촌놈 여편네가 당장 400냥을 무슨 수로 구하겠어. 내일 오겠지."

그날 저녁, 첫째 첩에게 간 곽첨지는 청천벽력 같은 소리를 듣는다. "아니 영감, 점심나절에 갑자기 400냥은 뭣에 쓰려고…"

깜짝 놀란 곽첨지는 대답도 안 하고 돌아 나와 돈놀이하는 둘째 첩에게 달려갔다. "영감 필적으로 그 사람 편에 400냥을 보내라고 했잖아요."

심봉사의 근심거리

심봉사가 뜨뜻한 아랫목에 발을 뻗고 벽에 기대어 누워 있자 하니 지난 세월이 주마등처럼 흘러간다. 어린 심청을 강보에 싸서 온 동네 돌아다니며 젖동냥하던 일이 엊그제 같은데, 심청이는 벌써 일곱 살이 되어 밥 짓고 빨래하고, 애비의 눈 노릇도 하는 게 대견하기만 해서 그는

혼자 빙긋이 웃었다.

온 동네가 추수를 한 뒤라 이 집 저 집에서 쌀도 갖다 주고 콩도 갖다 줘 곳간이 가득하고, 동네 젊은이들은 산에 가서 해온 나무를 처마 밑이 그득 하도록 차곡차곡 쌓아 줬다. 아낙네들은 심봉사의 버선이며 바지며 토시를, 심청의 치마며 속옷을 지어 왔다.

심봉사는 지난봄부터 사주팔자 점을 봐 주기 시작했다. 점괘는 노상 틀렸지만, 동네 사람들은 보시하는 셈 치고 점을 보고 돈을 놓고 갔다. 심봉사는 걱정거리가 없다. 심청이는 심봉사가 쥐여준 엽전을 들고 동네 사람들과 장에 갔고, 심봉사 혼자 뜨뜻한 방에 비스듬히 누워 있으니 갑자기 근심거리 하나가 떠올랐다.

가끔씩 불끈불끈 솟아오르는 하초를 달랠 길이 없는 것이다. 심봉사는 바지춤으로 손을 넣어 그 옛날 고왔던 청이 어미와 뒹굴던 일을 생각하며 물건을 꽉 쥐었다. 그때 동네 아낙 하나가 팥죽을 한 그릇 들고 부엌으로 들어와 심청을 찾더니 장지문을 열고 안방을 들여다보다가 팥죽 그릇을 떨어트려 부엌 바닥이 팥죽 판이 되었다. 심봉사는 팥죽 그릇이 깨지는 것도 모르고 물건을 꺼내 놓고 용두질에 여념이 없었다.

장지문을 닫고 뛰는 가슴을 쓸어내리던 아낙네는 살며시 방으로 들어가 또 한 번 깜짝 놀랐다. 심봉사의 물건이 장대하기 그지없어 초라한 남편의 그것과는 비교할 수 없었던 것이다.

'팥죽 보시는 물 건너갔고 육보시로 불쌍한 심봉사를 도와야지.'

아낙네는 치마를 걷어 올리고 고쟁이를 벌려 심봉사의 물건 위에 앉앉다. 철퍼덕 소리만, 끙끙 앓는 소리만, 가쁜 숨소리만 방 안에 가득 찰 뿐 심봉사도 아낙네도 말 한마디 없었다. 마침내 하늘이 내려앉고 땅이 갈라졌다. 아낙네는 말 한마디 없이 옷매무새를 고치며 휑하니 나가 버렸다.

 어안이 벙벙해 바지에 풀칠을 한 채 그대로 앉아 있던 심봉사는 옷을 추스르고 나서 세상이 제 것인 양 빙긋이 웃고 또 웃었다.

 '그런데 그녀는 누굴까?'
 닷새마다 서는 읍내 장날이 되면 온 동네 사람들은 십 리 장에 간다. 심청이도 심봉사한테 엽전을 얻어 장날 구경을 하고 주전부리를 하고 심봉사 주려고 깨엿을 사 온다. 장날마다 심봉사의 하초는 어김없이 뻐근해진다. 벌건 대낮에 이름 모를 그 아낙네가 와서 옷도 벗지 않은 채 말 한마디 하지 않고 심봉사 위에 올라타 철퍼덕거리다가 말 한마디 없이 떠나가는 것이다. 심봉사도 그녀가 누군지 알려고 하지 않았다.
 "보시 중에는 뭐니 뭐니 해도 육보시가 으뜸이여."
 심봉사는 근심 걱정이 하나도 없어졌다.

요분질

 김판서는 만석꾼 부자에다 권세가 하늘을 찌르고 조상 대대로 내려오는 골동품들이 모두 값을 매길 수 없는 가보이지만, 모든 걸 제쳐 두고 그가 가장 자랑스러워하는 건 열일곱 살 난 외동아들 면이다.
 면이는 신언서판(身言書判)이 훤했다. 김판서 집에 매파들이 문지방이 닳도록 들락거렸고 고관대작의 딸들이 줄줄이 청혼을 해왔다. 그러

나 김판서는 죽마고우였던 친구 이초시와 혼약을 해 놓은 지라 모든 청혼을 거들떠보지도 않았다. 그러나 김판서 부인은 달랐다.

"대감, 젊은 시절에 한 혼약을 정말 지킬 셈입니까? 대감 친구는 이미 죽었고 그 집은 몰락해 우리 면이가 그 집 딸과 혼례를 치른다면 세상의 웃음거리가 될 거요."

그러나 김판서는 흔들리지 않았다.

"부인, 우리의 혼약을 아는 사람은 다 아는데, 친구가 죽고 집안이 몰락했다고 혼약을 파기하면 그거야말로 웃음거리요."

"대감, 허나…."

"물러가시오. 부인."

김판서 부인은 안달이 나 면이를 붙잡고 설득시켜보려 했지만, 면이 역시 초지일관이었다.

"어머님, 아버님 말씀이 옳습니다."

그해 가을 신부집 마당에서 혼례를 올렸다. 며칠 후 신랑은 신부를 데리고 본가로 신행을 왔다. 이초시의 딸은 박꽃 같은 인물에 아버지 인품을 물려받아 반듯하고 조신했다. 김판서 부인은 눈에 불을 켜고 신부를 노려보며, 입가에 알지 못할 미소를 흘렸다.

본가에서의 첫날밤, 합환주를 마신 면이는 촛불을 끄고 열여섯 신부의 옷고름을 풀었다. 신부집에서 몇 번 치른 일이라 면이는 능숙하게 겹겹이 입은 신부의 옷을 벗기고 올라가 양물을 옥문 깊숙이 넣었다.

그런데 이게 웬일인가! 신부가 요분질을 하는 게 아닌가. 남자의 흥을 돋우려고 엉덩이를 돌리는 요분질은 색주가의 기녀들이나 하는 짓인데…. 면이는 하늘이 무너지는 충격을 받고 방을 박차고 나왔다. 이튿날 아침, 신부는 쫓겨나 친정으로 돌아갔다.

3년의 세월이 흘렀다. 급제를 한 면이는 장가도 가지 않고 일부러 한양에서 멀리 떨어진 함경도에서 일하며 악몽을 잊으려 애쓰다가 김판서가 아파 누웠다는 소식을 받고 한양으로 돌아왔다. 다행히 김판서의 병환이 가벼워서 문안을 드리고 나와 3년 동안 잠가뒀던 자신의 방으로 들어가 금침을 깔고 누웠다.

"앗! 따가워."

3년 전 신부가 누웠던 요 속에서 나온 바늘이 다섯 개도 넘었다. 문득 뭔가 짚이는 게 있어 침모에게 가서 목에 칼을 들이대자,

"아, 안방마님이 시, 시켜서…."

그 길로 면이는 신부 집으로 달려갔다. 친정으로 쫓겨 와 눈물로 세월을 보내던 신부가 작년에 뒤뜰 감나무에 목을 매 숨졌다는 소식이 들렸고, 통곡하던 면이도 그 감나무에 목을 매 짧은 생을 마감하고 신부 곁으로 갔다.

세 번째 며느리

두 번째 며느리가 또다시 봇짐을 머리에 이고 눈물을 펑펑 쏟으며 대문을 나섰다.

인동댁은 일찍 과부가 됐지만 천석 재산을 물려받아 금이야, 옥이야 외아들을 키우며 살아왔다. 외아들이 열다섯 살 때 열아홉 살의 며느리를 맞아들였는데 한평생 맺힌 한을 쏟아낼 곳이 없었다는 듯 인동댁은 며느리를 들들 볶았다. 외아들이 고뿔이라도 들라치면 며느리에게 삿대질하며 말했다.

"저년이 우리 귀한 아들 진을 빼서 그래."

아들을 제방에서 데리고 자고, 밥이 질다고 밥상을 내던지고, 곳간 열쇠를 밤낮으로 자기가 차고 다니면서 며느리가 몰래 쌀을 퍼내 팔았다며 도둑으로 몰고, 머슴이 둘이나 있는데도 오뉴월 땡볕에 한 마지기 밭을 다 못 맸다고 저녁을 굶기고…. 3년 만에 첫째 며느리는 친정으로 돌아가 버렸다.

그로부터 2년 후에 두 번째 며느리가 들어왔지만 인동댁의 며느리 구박은 여전했다. 결국, 두 번째 며느리도 시집살이를 못 견디고 집을 나와 친정으로 가지도 못한 채 술집 작부로 팔려갔다.

인동댁 사는 재미는 며느리 구박이라, 며느리 둘을 쫓아내고도 모자라 또다시 이 매파 저 매파 불러서 중매를 서라고 졸라대지만 파다하게 소문이 난 그 집안에 딸을 줄 사람이 없다. 어느 날, 까치골 약초 캐는 강노인의 얌전한 막내딸이 시집을 가겠다고 매파를 찾아왔다.

찢어지게 가난해서 스물한 살이 될 때까지 시집을 못 가고 있던 강노인의 막내딸이 인동댁 며느리로 들어갔다. 으흐흐흐, 인동댁은 이제 또다시 살맛이 생긴 것이다. 시집온 지 한 달도 안 된 며느리를 볶을 꼬투리를 잡았다.

"어머님, 부르셨습니까?"

"그래, 들어오너라."

인동댁이 보따리를 풀며 말했다.

"네 친정이 아무리 보잘것없는 집안이라지만 혼수가 이게 뭐냐."

고개를 푹 숙이고 있던 며느리가 앙칼지게 말했다.

"야, 이년아. 네년 주둥이로 혼수고 뭐고 필요 없다 하지 않았느냐!"

며느리가 주먹으로 인동댁의 면상을 후려갈기자 코피가 쏟아졌다.

"사람 살려."

문을 박차고 버선발로 뛰쳐나간 인동댁은 마당을 가로질러 허둥지둥 대문을 열고 나가 며느리가 시어머니를 때린다고 고래고래 고함을 지르며 동네 우물가로 갔다. 빨래하던 이웃 아낙네들이 수군댔다.

"어디서 넘어져 코피가 나는 걸, 엉뚱하게 며느리에게 덮어씌우네."

"저 여자 벌써 며느리 쫓아낼 궁리를 하는구먼."

뒤따라 인동댁 며느리가 시어머니의 신발을 들고 따라왔다.

"어머님, 신발 신으세요."

인동댁이 고래고래 고함쳐도 도대체 믿는 사람이 없다. 그날 저녁, 인동댁이 아들을 불러 자초지종을 얘기해도 믿지를 않는다.

가난한 집 며느리

새색시가 시집이라고 와보니 살림살이가 말이 아니다.

신랑은 서당에 다니며 공부에 매달렸고 시아버지란 사람은 꼴 난 양반에 까짓것 초시라고 사랑방에서 양반다리를 꼬고 앉아 오가는 선비들 다 끌어모아 밥 주고 술 주며 살림만 축내고 있었다. 조상한테서 문전옥답 토실하게 물려받았지만 매년 한 자리씩 팔아치워 앞으로 4~5년이면 알거지가 될 판이다.

어느 날, 며느리가 들에 갔다 집에 오니 사랑방에 시아버지 글 친구들이 잔뜩 모였다.

"얘야, 술상 좀 차려오너라."

며느리는 부엌에 들어가 낫으로 삼단 같은 머리를 싹둑 잘라 머슴에게 건네며 그걸 팔아 술과 고기를 사오라 일렀다. 머슴은 그걸 들고 사랑방으로 가 시아버지에게 보였다. 사랑방에 싸늘한 침묵이 흘렀다. 글친구들은 슬슬 떠나고 시아버지는 혼자 남아 애꿎은 담배만 피워댔다.

벌벌 떨고 있는 머슴에게서 머리카락을 싼 보자기를 빼앗아 든 며느리는 저잣거리로 향했다. 며느리는 집으로 돌아올 때 삐약삐약 병아리 서른 마리를 사왔다. 며느리는 손수 닭집도 짓고 도랑을 파서 지렁이를 잡아 먹이며 정성껏 키웠다.

봄이 됐을 땐 그간 족제비가 서너 마리 물어갔지만, 병아리들은 토실하게 자라 중닭이 됐다. 가을이 되면 장닭도 팔고 암탉이 낳는 달걀도 팔 꿈에 부풀어 있던 어느 날 장 보러 왔던 친정아버지가 찾아왔다.

며느리 눈치를 보던 시아버지가 신이 났다.

"얘야, 사돈 오셨다. 닭 한 마리 잡아서 술상 좀 차려라."

며느리가 닭을 잡으려고 좁쌀 한 줌을 쥐고 마당에 뿌리며 "구구~" 하자 닭들은 놀라서 화다닥 울타리 밖으로 줄행랑을 쳐버린다.

며느리가 닭을 잡으려고 이리 뛰고 저리 뛰는 걸 보다 못한 시아버지가 나왔다.

쌀독에서 쌀을 한 줌 쥐고 나와 뿌리며 "구구~" 외치자 닭들은 장독대로, 지붕으로 날아올라 도망친다. "구구~"를 계속 외치며 닭들을 뒤쫓느라 하수에 빠지고 돌부리에 걸려 넘어지고 가시에 찔려 시아버지의 몰골은 말이 아니다. 저녁나절 닭장에 들어오면 잡겠다고 닭장 안에 쌀을 뿌리며 "구구~" 외치자 닭들은 모두 마당 옆 감나무로 올라가 가지에 앉아 밤을 새울 작정이다.

결국, 사돈은 빈 입으로 떠나갔다. 시아버지는 화가 치밀어 이놈의 닭들 다 잡아버리겠다고 장창을 써봤지만, 며느리가 머리 잘라 산 걸 그가 어쩌겠는가. 이튿날 시아버지가 마실가고 없을 때 며느리가 겉보리를 마당에 뿌리며 "훠이, 훠이~" 외치자 닭들이 몰려들어 그녀 발밑에서 모이를 쪼아 먹는다.

며느리는 닭들이 모이를 다 먹자 훈련시키는 걸 잊지 않았다. 부지깽이로 닭들을 후려치며 "구구~" 하고 외쳤다. '구구' 소리를 듣자마자 닭들은 줄행랑을 쳤다.

당나귀와 닭

　이초시는 뒤뜰로 가 장독대에서 남쪽으로 세 걸음, 감나무에서 동쪽으로 일곱 걸음 지점의 땅을 파기 시작했다. 땅 깊이가 한자 반이 되자 삽을 치우고 호미로 조심조심 파 내려갔다. 마침내 호미 끝에 걸리는 금속성 촉감에 이초시는 빙그레 미소 지으며 항아리를 꺼냈다. 7년 전 산속에서 팔뚝만 한 100년 된 더덕을 캐서 소주를 손수 고아 항아리에 담아 묻어둔 것이다.

100년 된 더덕은 산삼보다 낫다 했던가. 항아리 뚜껑을 열자 더덕향이 온 집안에 퍼지고 술을 한잔 마시자 온몸에서 더덕향이 배어 나왔다. 더덕술 항아리를 자루에 담아 당나귀 등에 걸쳐 싣고 이초시는 집을 나섰다. 오월의 햇살은 눈이 부시고 산새들은 지저귀고 개울의 옥수는 쉼 없이 흐르고 철쭉꽃은 온산을 덮었다.

이초시는 당나귀를 타고 까닥까닥 산 넘고 물 건너 죽마고우 황첨지네 집에 다다랐다. 마당을 쓸고 있던 황첨지가 반갑게 맞았다.

이초시는 당나귀 등에서 내려 더덕술 항아리 자루를 들어올리며 말했다.

"이게 뭔지 맞혀 보게나."

"벌써 더덕 냄새가 나네. 자네가 그토록 자랑하던 100년 된 더덕술이구먼."

두 친구는 한바탕 크게 웃었다.

이런 얘기 저런 얘기를 하고 있는데 황첨지 부인이 상을 차려왔다. 이초시의 미간이 찌푸려졌다. 7년 동안 뒤뜰에 묻어 뒀던 100년 된 더덕술을 나귀에 싣고 산 넘고 물 건너 친구 찾아왔더니 술상이라고 차려 나온 게 겨우 시어 고부라진 묵은 김치에 취나물 나부랭이뿐이다.

술맛이 날 리가 없다. 이초시의 인상을 살핀 황첨지가

"장 보러 못 가서 집에 안주 될 만한 반찬이 없네! 그려."

가지고 온 더덕술이 몇 순배를 돌았건만 이초시는 젓가락을 잡지 않았다.

"내가 이 술에 어울리는 안줏거리를 장만하지."

이초시는 갑자기 신발을 신고 마루를 내려서더니 마당가의 도끼를 잡고 타고 온 당나귀 고삐를 풀어 뒤뜰로 끌고 가 도끼를 치켜들었다. 질겁을 한 황첨지가 이초시 팔을 잡고 도끼를 빼앗았다.
　"여보게, 당나귀를 잡아먹어 버리면 집엔 무얼 타고 가려는가?"
　이초시는 못 이기는 척 도끼를 빼앗기고 나서 말했다.
　"닭 한 마리 빌려 타고 가면 되지 뭐."
　뒤뜰에도 앞마당에도 닭들이 모이를 쪼고 있는 걸 보고 빈정거렸다. 황첨지가 소리쳤다.
　"부인, 얼른 씨암탉 두어 마리 잡아 굽고 볶으시오."

효자 상, 불효 벌

사또가 부임하고 나서 첫 번째 할 일이라고 이방이 일러주는 걸 보니 효부 효자 표창이다.

전임 사또가 다 뽑아놓은 일이니 호명하는 대로 앞으로 나오거든 몇 마디씩 칭찬의 말을 하고 준비한 상품을 주면 되는 것이라고 이방이 일러준다. 이방이 효자의 효행을 부연설명한다.

"이번에 효자상을 받을 까막골 이운복은 아침저녁으로 절구통에 나락을 손수 찧어 키질해 언제나 햅쌀밥같이 차진 밥을 그 아버지 밥상에 올린답니다."

사또가 고개를 끄덕이며 "효자로다"라고 말했다.

사또가 동헌 대청 호피 교의에 높이 앉아 내려다보니 효부 효자상 표창식을 보려고 몰려든 고을 백성들이 인산인해다.

"효자상, 까막골 이운복."

이방이 목을 뽑아 길게 소리치자 수더분한 젊은이가 올라왔다.

사또가 칭찬하고 상품으로 나락 한 섬을 내렸다. 고을 백성들의 박수 소리가 동헌을 뒤집었다. 사또 앞에 간단한 술상이 차려졌다.

사또가 한잔 마시고 잔을 효자 이운복에게 건네며 말했다.

"아버지 연세는?"

"예순다섯이옵니다."

"어머니는?"

"오래 전에 돌아가셨습니다."

"그때 아버지 연세는?"

"마흔둘이었습니다."

"그때부터 아버지는 이날 이때까지 홀아비로 계셨느냐?"

"그러하옵니다."

"여봐라."

갑자기 사또가 일어서더니 벽력 같은 고함을 지른다.

"내린 상품을 거둬들이고 나이 사십에 홀로 된 아버지를 이날 이때껏 홀아비로 늙힌 이 불효막심한 놈을 형틀에 묶어 볼기를 매우 치렀다."

상을 타면 한 턱 내라 하려고 벌써 주막에서 한잔 걸친 친구들이 동헌에 다다르니 섣달그믐께 떡 치는 소리가 들려오기에 구경꾼들 사이를 비집고 보니 상이 뭔가, 친구가 볼기짝을 맞고 있는 게 아닌가. 이운복이 풀려나기를 기다려 번갈아 업고 돌아왔다.

무슨 상을 받아올까 기다리며 사랑방에서 새끼를 꼬던 운복의 아버지가 마당에서 웅성거리는 소리에 방문을 열어봤더니 아들이 친구들에게 업혀서 돌아왔다. 놀라 버선발로 뛰어나갔던 운복의 아버지는 아들 친구로부터 자초지종을 듣고 사랑방으로 돌아가 눈물이 글썽글썽한 눈으로 털썩 주저앉으며 혼잣말을 내뱉었다.

"이 고을에 명관 났네."

임계댁 아침에 옷고름 풀다

임계댁은 시집온 지 1년 만에 과부가 됐다.

자식도 없는 청상과부는 한눈 안 팔고 시부모를 모시고 10년을 살다가 한해 걸이로 시부모가 이승을 하직, 삼년상을 치렀다. 탈상한 지 며칠 되지 않아 매파가 찾아왔다.

"아직 서른도 안 된 임계댁이 자식도 없이 홀로 한평생을 보내기엔 세월이 너무 길잖아."

임계댁은 눈이 동그래져 "그래서요?" 하고 물었다. 한숨을 길게 쉰 매파가 목소리를 낮추고 얘기를 이어갔다.

"아랫동네 홀아비 박초시가 임계댁 탈상할 날만 기다리고 있었네."
"나가세요!"

서릿발이 돋은 앙칼진 목소리로 임계댁이 소리치자 매파는 겁에 질려 허둥지둥 뒷걸음쳐 사라졌다.

임계댁은 늙은 청지기를 데리고 억척스럽게 논농사, 밭농사를 지으며 의젓하게 수절했다.

임계댁도 박초시를 알고 있다. 8년 전인가 상처한 박초시는 30대 초반으로 비록 과거에는 급제하지 못했지만 글도 능할뿐더러 뼈대 있는 집안에 재산도 넉넉하고 사람 됨됨이도 착실해 매파들이 문지방이 닳도록 찾았지만 모두 고개를 흔들고 임계댁만 마음속에 품고 있었다.

박초시가 보낸 매파가 끈질기게 임계댁을 찾았지만 가는 족족 헛걸음에 이제는 문도 열어주지 않는다. 박초시는 식음을 끊고 드러누워 버렸다. 소문이 좍 퍼졌다.

박초시 친구 유서방이 술을 한잔 걸치고 찾아왔다.
"야, 이 사람아. 그런 일로 드러눕다니!"

이튿날 아침. 임계댁이 아침 연기 모락모락 피어 안개처럼 깔리는 안마당으로 물동이를 이고 들어서 부엌으로 가는데 유서방과 유서방네 머슴 둘이 뒤따라 들어왔다. 유서방이 안마당에서 소리친다.

"임계댁, 오늘 쟁기 좀 빌려주시오."

임계댁이 부엌에서 나오는데 안방 문이 덜컹 열리며 윗도리를 드러낸 박초시가

"안되네, 우리도 오늘 써야 하네."

머슴 둘도 놀랐지만, 펄쩍 뛰며 놀란 것은 임계댁이다.

따지고 변명할 겨를도 없이 유서방과 두 머슴은 가버렸다. 늙은 청지기는 물꼬를 트러 들에 나가고 임계댁이 우물에 갔을 때 박초시가 임계댁 안방에 잠입했던 것이다. 마루 끝에 털썩 주저앉아 땅이 꺼지라 한숨을 쉰 임계댁이 곰곰이 생각해보니 동네 사람들에게 무슨 변명을 해도 씨도 안 먹힐 것 같았다.

임계댁은 머리를 매만지고 안방으로 들어갔다.

"서방님, 절 받으시오."

박초시는 떨리는 목소리로

"임계댁, 고맙소"

라고 말한 후 임계댁의 옷고름을 풀었다.

산삼

　송서방은 머슴살이 십 년에 한 푼 안 쓰고 모은 새경으로 화전 밭뙈기가 딸린 산을 사 손수 벽돌을 찍어 산비탈에 초가삼간을 짓고, 부엌데기 삼월이와 혼례를 치러 살림을 차렸다.
　나무를 베어내고 나무뿌리를 캐내어 밭을 만들며 살림이 불어나는 재미에 송서방은 달밤에도 밭의 돌을 주워내고 거름을 져 올렸다. 달덩이 같은 아들딸 낳고 밭뙈기는 늘어나 보릿고개에도 송서방네 곳간엔 곡식 가마가 쌓였다.

　삼월이도 부지런하기는 송서방 못지않아 아이 젖을 물리며 호미로 밭을 맸다. 보리 심고, 밀 심고, 콩 심어 남는 곡식은 장에 내다 팔아 논도 두 마지기나 사 쌀농사까지 지었다.

　어느 봄날, 송서방이 산비탈 밭에서 땀을 쏟으며 쟁기질을 하고 있는데 삼월이가 함지박에 점심밥을 이고 올라왔다. 개울가 멍석바위에 밥 한 양푼과 된장 한 공기 점심 밥상을 폈다. 송서방이 개울에서 윗도리를 훌렁 벗고 세수할 동안 삼월이는 스무 발자국 산 속에 들어가 쌈싸먹을 곰취를 뜯었다.

　"만석 아빠~."

　봄 하늘을 찢는 삼월이의 고함소리에 산돼지가 나타난 줄 알고 송서방은 괭이를 들고 산 속으로 한걸음에 달려갔다. 삼월이는 엉덩방아를 찧은 채 눈을 왕방울만 하게 뜨고 말했다.

　"여기 좀 보시오."

　송서방도 벌린 입을 다물지 못하고 얼어붙었다. 지난 가을에 맺은 빨간 열매를 아직도 조롱조롱 매단 산삼 밭! 허겁지겁 한 뿌리를 캐 마디를 세어보니 백년이 넘었다. 백년 근 산삼 스물두뿌리를 캐 이끼로 덮어 삼월이의 치마에 싸 점심상을 차려 놓은 멍석바위로 내려왔다.

　송서방은 그중 두 뿌리를 개울물에 씻어 "우선 우리 몸을 보신하세" 하며 삼월이에게 내밀었다. 송서방과 삼월이는 산삼 한 뿌리씩을 와그작와그작 씹어 먹었다.

　송서방은 벌떡 일어나 괭이·삽·호미·지게 그리고 쟁기를 개울 아래

멀리 던지면서 "이제 이 지긋지긋한 농사일은 그만해야지" 하며 감격에 겨워 삼월이를 껴안았다. 산삼을 싸느라 치마를 벗은 삼월이의 고쟁이 사이로 희멀건한 엉덩이가 비집고 나왔다. 둘은 춘정이 발동해 멍석바위에서 미친 듯이 운우의 정을 나눴다.

저자거리, 한의원 방에서 송서방이 산삼 보따리를 풀었다. 산삼 한 뿌리를 집어든 의원이 미간을 찌푸렸다. 이 산삼 저 산삼 모두 속이 비어 엄지, 검지로 누르자 납작해졌다.

송서방은 사색이 돼 "조금 전에도 멀쩡했는데!" 라고 말했다. 의원이 들릴 듯 말 듯 중얼거렸다.

"산신령이 노하실 짓거리를 했나벼…."

송서방은 술로 세월을 보내고, 삼월이는 일손을 놓고 한숨으로 나날을 보내는 동안 송서방네 밭은 잡초로 덮였다.

지관이 되다

 구월산 도사에게 주역을 배우고 있는 열일곱 총각 지헌은 그날도 저녁나절이 되어서야 30리나 떨어진 집으로 가려고 험한 산길을 타고 있었다. 검바위를 돌다가 지헌은 걸음을 멈췄다. 자색이 빼어난 여인이 발목을 감싸 쥐고 있다가 지헌을 보더니 눈물을 글썽이는 것이다. 발목이

삐었다는 여인을 그냥 두고 갈 수 없어 들쳐 업고 그녀가 가리키는 대로 토끼길을 따라가자 숲 속에 아담한 기와집이 나타났다.

아무도 없는 집에서 여인이 시키는 대로 찬물을 떠 와 그녀의 발목을 주물렀다. 그녀가 홑치마를 올려 희멀건 허벅지를 드러내자 지헌은 고개를 돌렸지만 하초는 뻐근하게 솟아올랐다. 그녀는 발목이 씻은 듯이 나았다며 야릇한 미소를 흘리고 주안상을 들고 왔다. 술 한 잔에 몽롱해진 지헌은 그녀의 손에 이끌려 촛불을 끄고 금침 속으로 들어갔다.

지헌의 가슴은 두근 반 세근 반 쿵쿵 뛰었다. 생전 처음 여인과 함께 이불 속에 들어간 지헌은 어찌할 바를 모르고 반듯이 누웠는데, 벌거벗은 여인은 가쁜 숨을 몰아쉬며 지헌의 옷을 벗겼다. 그녀의 화려한 방중술에 지헌은 숨이 넘어갈 지경이다. 질펀하게 운우가 지나간 후 지헌이 또 한 잔 술을 받아 마시자 다시 촛불이 꺼지고 거친 숨소리가 방을 덮었다. 삼경이 되어서야 지헌은 그 여인의 집을 나와 후들거리는 발걸음으로 자기 집으로 돌아갔다.

이튿날도 도사의 초막을 나온 지헌은 그 여인에게로 달려갔다. 그 다음 날도 그 다음 날도 지헌의 발걸음은 그 집으로 향했다. 그러던 어느 날, 주역 책에 침을 흘리며 졸고 있던 지헌을 보며 도사가 헛기침했다.

"네 육신이 곪아가고 혼은 빠져 가는구나."

도사의 말에 지헌이 고개를 푹 숙이며 한숨을 쉬었다. 지헌도 자신이 수척해진 걸 알고 있었다. 그러나 '다시는 그 집에 가지 않겠다'고 다짐해도 도사 집만 나오면 지헌의 발걸음은 귀신에 홀린 듯 그 여인에게로 향했다. 지헌의 눈은 흐리멍덩해지고 볼은 쑥 들어가고 팔다리는 가

늘어졌다. 어느 날 도사는 주역을 덮고 정좌한 후 지헌에게 말했다.

"나는 네 일을 다 알고 있다. 오늘이 네가 살 수 있는 마지막 날이다. 구슬이 네 입으로 들어오면 삼켜 버리도록 해라. 그리고는 하늘을 보고 자빠져라. 전화위복이 될 수도 있느니라."

그날 밤, 지헌은 또다시 그 집으로 가 여인과 질펀하게 운우의 정을 나눴다. 여인은 사랑을 나눌 때 구슬 하나를 입에서 입으로 주고받는 묘한 버릇이 있었다. 지헌이 그 여인의 입에서 뜨거운 입김과 함께 구슬을 받아 물었을 때 '오늘이 네가 살 수 있는 마지막 날'이라고 한 도사의 말이 귓전에 맴돌았다.

지헌은 구슬을 꿀꺽 삼켰다. 그러자 "꽝" 하는 소리와 함께 연기가 솟구쳤다. 지헌은 너무 놀라 하늘을 보고 자빠지라는 도사의 말을 잊고 땅을 보고 엎드렸다. 정신을 차려 보니 기와집과 여자는 간 곳 없고 꼬리가 아홉 개 달린 커다란 여우가 혀를 뽑고 죽어 있었다. 이튿날 도사가 말했다.

"아쉽도다. 위로 자빠졌으면 하늘을 알게 됐을 텐데 엎어졌으니 땅은 알겠구나."

세월이 흘러 지헌은 땅의 풍수에 통달한 이름 있는 지관이 되었다더라.

도둑

이초시는 20대 초반에 초시에 합격했지만, 그 후로 10년이 넘게 매년 과거를 볼 때마다 미역국이다. 호리호리한 몸에 키는 멀대같이 커 걸음 걸이는 건들건들 거리고 작은 눈에 광대뼈가 튀어나와 30대 초반이지만

50대 중노인처럼 보인다. 눈코 뜰 새 없는 농사철에도 손끝 하나 움직이지 않고 사랑방에서 책을 베개 삼아 낮잠만 잔다. 몇 뙈기 논밭에서 새벽부터 어두워질 때까지 허리가 휘어지라 일하는 건 마누라다.

무던한 마누라는 그것까지는 참을 수 있는데 남편이란 작자가 툭하면 자기는 뼈대 있는 가문이고 마누라는 상것이라 업신여기며 다그치는 데는 우물에 빠져 죽고 싶은 생각뿐이다. 꼴에 남자라고 대엿새마다 밤이면 살금살금 안방으로 기어들어와 마누라가 달아오르기도 전에 토끼처럼 깝죽거리다가 제풀에 떨어진다. 밤일이 그 모양이니 아이도 없다.

어느 날 밤, 밤은 깊어 삼경일 제 도둑이 들어왔다. 이초시는 이불 속에 머리를 처박고 엉덩이는 추켜세운 채 사시나무 떨듯이 와들와들 떨고 있다. 도둑의 입에서 술 냄새가 확 풍겼다.

"나는 오늘 밤 죽기로 작정한 몸이다. 내 말을 거역하면 함께 저승으로 갈 것이야."

도둑의 목소리는 우렁차 안방이 쩌렁쩌렁 울렸다. 이초시 마누라가 힐끗 쳐다봤더니 허우대가 장대하고 세모시 도포가 도둑 복장이 아니다.

"술 익는 냄새가 나는구나. 술상을 차려오렷다."

이초시 마누라가 술독에 박아 둔 용수에서 청주를 뜨고 소반에 간단한 술상을 차려 왔다. 벌컥벌컥 술을 마시던 도둑이

"여자가 따라야 술맛이 나지"

하자 이초시 마누라는 다가가 술을 따랐다.

"이게 무슨 냄새냐."

도둑이 코를 막아 마누라가 돌아보니 이초시가 설설 오줌을 싸고 있

었다. 도둑은 이초시 두 손을 뒤로 묶어 부엌에 처박았다.

　마누라가 방바닥의 오줌을 닦아내자 술판이 다시 벌어졌다. 호롱불에 비친 도둑은 콧날이 오똑 서고 눈이 부리부리한 호남이다. 호리병 세 개를 비운 도둑이 이초시 마누라 허리를 당겼다. 이초시 마누라 입에서 악 소리가 나왔다. 이날 이때까지 이초시한테서 느껴 보지 못한 큼지막한 것이 묵직하게 들어와 지그시 눌렀던 것이다. 이초시 마누라는 생전 처음 황홀경에 빠져 뜨거운 입김을 뿜으며 도둑의 목을 꽉 껴안았다. 폭풍우가 몰아치고 뇌성벽력이 천지를 뒤엎었다. 짜르르한 순간이 지나고 바위 같은 도둑이 이초시 마누라 배 위에서 나둥그러지더니 금세 코를 골았다.

　동창이 희뿌옇게 밝아 올 때 도둑이 눈을 뜨자 사지가 단단히 묶여 있는 자신을 발견하고 쳐다보니 이초시 마누라가 옆에 앉아 내려다보며, "날이 새면 관가에 넘길 거요."

　그녀의 눈물방울이 도둑의 얼굴에 떨어졌다.

　"관가에 넘기지 말고 나를 죽여주시오. 아니어도 지난밤에 죽으려던 참이오."

　이초시 마누라가 물었다.

　"왜 죽으려는지 사연이나 들어 봅시다."

　"무과에 일곱 번이나 떨어져 살맛을 잃었소."

　"못난 사람!"

　새벽안개 속으로 두 사람은 어디론가 사라졌다.

노가자 냄새

　양갓집 규수로 금이야 옥이야 곱게 자란 열여덟 새색시가 양반집 가문 노씨 댁에 시집갔다. 친구들하고 수다 떨어 본 적도, 장터에 나들이 나간 적도 없는 순진한 새색시는 거짓말 한 번 한 적 없고 농담 한 번 한 적이 없었다. 시집온 지 일 년이 지나도 새신부는 변함없이 천진무구했다.

어느 봄날 개울가로 빨래하러 갔을 때, 능글맞고 짓궂은 병덕 어미가 새색시 옆으로 다가와 얼굴을 빤히 보더니

"노실댁, 어젯밤에 두 번 했지요?"

라며 웃었다.

철없는 새색시는 얼굴이 홍당무가 되어 고개를 푹 숙이고

"아닙니다. 한 번밖에 안했십니더."

냇가 빨래터 아낙네들은 킬킬거렸다.

이렇게 순진한 새색시가 어느 날 나들이 채비를 했다. 이 동네에서 가장 출세한 감사댁 노마님의 칠순 잔치에 초대 받은 것이다. 머리엔 동백기름을 바르고 댕기 머리를 감아올려 옥비녀를 꽂고 얼굴엔 분을 발랐다. 그리고 평상복을 벗고, 장롱 깊숙이 포개 둔 비단옷을 꺼내고 새하얀 속옷도 꺼내 입었다.

아랫목 벽에 기대어 책을 보던 열일곱 신랑이 뚫어지게 새색시를 바라보다가 엉금엉금 기어 와 새색시의 허리를 안고 벌써 가쁜 숨을 몰아쉬었다.

"서방님, 안됩니다. 잔칫집에 가야 할 시간도 늦었고 몸단장도 헝클어집니다."

하초가 빳빳해진 신랑은 막무가내 새색시의 치마 밑으로 손을 넣었다.

"서방님, 그럼 제가 손으로 달래 드리겠습니다."

신랑의 허리끈을 풀고 바지를 내려 천장을 향해 솟아오른 양근을 손바닥으로 부드럽게 싸잡았다. 신랑의 손도 벌써 속치마 속으로 들어가 고쟁이 사이를 헤치고 옥문에 다다랐다. 그때, 문밖 처마 밑에서 몸종

이 소리쳤다.

"마님, 저는 갈 준비를 다 했습니다."

새색시가 신랑의 손을 뿌리치고 일어나 밖으로 나갔다. 새색시가 몸종을 데리고 종종걸음으로 감사댁으로 가니 벌써 노부인이 초청한 양반댁 부인들이 푸짐한 잔칫상을 사이에 두고 기다랗게 앉아 있었다.

"노생원 며느리지. 이리 와 내 옆에 앉아라."

감사댁 노부인이 온화한 미소를 지으며 손짓하자 새색시는 늦게 온 죄스러움에 고개를 숙이고 노부인 옆에 앉았다.

"향기로운 노가자 냄새가 나는구먼."

노가자는 장롱 따위의 가구를 만드는 오동나무의 일종으로 장롱 깊이 넣어 둔 옷을 꺼내 입으면 노가자 냄새가 오랫동안 났던 것이다.

그 말에 새색시는 홍당무가 되어 머뭇거리더니,

"저는 시간 늦지 않게 빨리 오려는데 서방님이 양물을 내밀며 만져 달라는 통에 그만…."

부인들의 눈이 왕방울만 해지고 입이 요강만하게 벌어졌다. 그도 그럴 것이 노마님의 앞니가 빠져 말이 새는 바람에, '노가자 냄새'가 새색시의 귀에는 '노가 좆 냄새'로 들렸던 것이다.

쥐 죽은 듯이 고요한데 노부인이

"새신랑들이란 원래 철딱서니가 없느니라"

나지막하게 말하고 나서 큰소리로

"여봐라, 고수는 뭘 하냐. 장고를 치고 기생 도화는 창을 뽑으렷다."

새경 깎기

추수를 하고 나자 머슴들의 팔자가 늘어진 계절이 찾아왔다. 빈들빈들 놀며 가마니·맷방석·멍석 등을 짜다가 동짓달이 꽉 차면 새경을 두둑이 받는 일만 남아 있는 것이다. 동네 봉놋방에서 술내기 투전을 하고 밤늦게 집으로 돌아온 홍과부네 총각 머슴 억쇠는 아무리 대문을 두드려도 기척이 없어 월담을 해서 마당에 들어왔다. '마님이 깊은 잠이 들었나?' 생각하며 자신의 방으로 발걸음을 옮기는데 안방에서 신음소리가 흘러나왔다.

"아이고 배야. 아이고 나 죽는다."
그 소리에 억쇠가 마루로 뛰어 올라갔다.
"마님, 의원을 불러올까요?"
"그렇게까지 할 필요는 없고, 들어와 보게."
억쇠가 들어가
"마님, 호롱불을 켤까요?"
묻자, 마님은
"불은 켜서 뭣하게. 빨리 내 배나 쓸어 주게"
했다. 억쇠가 조심스럽게 다가앉자
"아이고 나 죽는다. 오장육부가 다 끊어지네. 뭘 하고 있나, 이 사람아!"
홍과부는 억쇠의 손을 당겨 자신의 배 위에 얹으며
"빨리 주물러, 빨리"
앙칼지게 쏘아붙였다.

풀어헤친 속치마 속으로 억쇠의 솥뚜껑만한 손이 들어가자 속치마 끈이 스르르 저절로 풀어지고 40대 초반의 농익은 홍과부 속살이 뜨겁게 달아올랐다.
"좀더 아래, 좀더 좀더…."
홍과부의 아랫배를 쓰다듬던 억쇠의 손이 화들짝 놀라 빠져나왔다. 삼각지 숲까지 손이 내려간 것이다. 홍과부의 성화에 다시 넣은 억쇠의 손은 마침내 질척거리는 옥문까지 내려갔다. 억쇠는 옷을 훌훌 벗고 바위처럼 단단해진 양물을 홍과부의 옥문에 집어넣었다. 방구들이 꺼질 듯 요란한 운우가 지나고 억쇠가 엉거주춤 바지를 추스르자 갑자기 홍과부가 훌쩍이기 시작했다.

"네 이놈 억쇠야. 내가 과부라고 업신여겨 겁탈하고 네놈이 무사할 줄 아느냐!"

"마님, 그게 무슨 말씀이세요?"

"내가 아픈 배만 네놈 손으로 문질러 달라 했지, 그걸 그곳에 디밀어 달라 하더냐!"

결국, 둘이 타협을 해서 나락 다섯 섬을 받기로 한 새경에서 한 섬을 뺀 넉 섬을 받기로 합의했다.

새경 받을 섣달그믐이 두 달이나 남아 머슴들이 가마니를 짜던 어느 날 밤, 홍과부가 또 배가 아팠다. 억쇠의 손이 또 홍과부의 속치마 속으로 들어갔는데, 그때 억쇠가 손을 빼고 벌떡 일어났다.

"또 한 섬을 빼면 세 섬밖에 안 남아요!"

"야, 이 사람아. 새물과 헌물의 값이 같을 수 있나."

그날부터 매일 밤값이 자꾸 내려가다 어느 날 밤, 억쇠가

"값의 고하간에 나는 이제 거래를 그만할 것이요, 마님"

하자, 고기 맛을 본 중처럼 홍과부가 달아올라 이제는 반대로 억쇠한테 나락을 주기로 했다. 섣달 그믐 날, 계산해 보니 나락이 다섯 섬 하고도 두 섬이 더 들어왔다. 이듬해도 이 집에 눌러앉기로 억쇠는 홍과부와 재계약을 했다.

죽어 마땅한 놈

    과거를 보러 한양으로 가던 젊은 선비가 그날도 온종일 걸어서 청풍 나루 주막집에 다달아 단봇짐을 풀고 저녁상을 받아먹은 후 방구석에서 목침을 베고 녹초가 돼 곯아떨어졌다.
    밤은 깊어 삼경인데 인기척에 선잠을 깨자 품 안의 전대가 없어졌다. 방문을 열고 뒷걸음질로 나가는 도둑을 향해 젊은 선비는 베고 자던 목침을 던졌다. 정통으로 마빡에 목침을 맞은 도둑은 그만 죽고 말았다.
    젊은 선비는 안방 문을 두드려 과부인 주막집 주모에게 자초지종을 얘기했다. 피 한 방울 흘리지 않고 죽은 도둑은 불을 밝히자 최참봉의 아들로 밝혀졌다. 동네 봉놋방에서 놀음하던 최참봉의 아들은 판돈이 떨어지자 주막집 손님의 전대를 노렸던 것이다.

죽은 최참봉의 아들을 보고 주모는 한숨을 토했다.

"죽어 마땅한 놈이지만 뒷일이 걱정이네."

최참봉 아들은 남의 여자 겁탈하고, 노름꾼에, 술주정뱅이 망나니지만 최참봉이 고을 사또와 친해 누구 하나 맞설 수 없었다. 젊은 선비는 사색이 돼 와들와들 떨고, 주모는 구들장이 꺼져라 한숨만 '푹푹' 내쉬었다.

젊은 선비 얼굴을 빤히 쳐다보던 주모에게 묘책이 떠올랐다.

주모와 젊은 선비는 죽은 최참봉 아들을 들쳐업고 마당으로 나가 말 옆에 시체를 눕혔다. 말을 타고 온 손님은 뒷방에서 자느라 무슨 일이 일어났는지도 몰랐다. 주모는 말꼬리에서 말총을 뜯어 시체 손바닥에 놓고 손가락을 오므렸다.

주모는 떨고 있는 선비의 등을 쓸며 말했다.

"보아하니 과거를 보러 가는 것 같은데 이 살인사건에 휘말리면 과거도 못 볼 것이오. 뒤돌아보지 말고 '휑'하니 갈 길을 가시오"

먼동이 트기 전 젊은 선비는 주막을 나섰다. 날이 새자 온 동네가 술렁거렸다. 망나니 최참봉 아들이 노름 밑천을 장만하려고 주막집 마당에 매어둔 말의 말총을 뜯다가 말 뒷발질에 이마를 채여 그 자리에서 죽었다는 것이다.

말총은 말꼬리의 긴 털로 갓·망건·감투를 만드는 재료 외에도 쓰임새가 많아 한 움큼이면 쌀 한 말 값이 나갔다. 말이 말총을 뽑히면 힘을 못 쓴다 하여 마주는 크게 기피한다.

꽃 피고 새 우는 화창한 봄날, 영천의 천석꾼 홀아비가 새 장가를 들었다. 재취로 들어온 여자는 청풍나루 주막집 주모고, 중매는 이번에 장원급제한 천석꾼 홀아비의 외아들이다.

웃는 집안, 한숨 집안

대나무가 울울창창한 왕죽골에는 하씨네와 추씨네 두 집이 살고 있다.
두 집 모두 대밭에서 대나무를 잘라 우산을 만든다. 그리고 몇 마지기 안 되지만 대밭 아래 논에는 가뭄에도 물이 마르지 않아 매년 풍작

이라 하씨네와 추씨네는 양식 걱정 없이 살아간다. 그리고 그 논에서 난 볏짚이 좋아 그걸로 짚신도 만든다.

하씨네와 추씨네는 꿰맞춘 듯이 다 큰아들이 둘씩이라 매일 아침이면 두 집 모두 한 아들은 우산을 짊어지고, 다른 아들은 짚신을 짊어지고 인근 고을 장날에 맞춰 장터를 찾아간다.

두 아들을 장에 보낸 추씨 부부는 하루에도 열두어 번 문을 열고 하늘을 쳐다본다. 비가 주루룩주루룩 오는 날이면 "이걸 어쩌나, 우리 작은놈 짚신 보따리 짊어지고 어느 처마 밑에 쪼그려 앉아 있으려나." 비가 오면 짚신 장수는 공치는 날이라 추씨 부부는 걱정이 늘어졌다. 정말 추씨네 작은아들은 장터에서 짚신을 팔다가 빗방울이 떨어지자 얼른 보따리를 싸가지고 장터거리 처마 밑에 비 맞은 생쥐처럼 쪼그리고 앉았다.

햇살이 쨍쨍한 날이면 추씨네는 또 걱정거리가 생긴다.

"우리 큰놈, 우산 한 짐을 지고 이 땡볕에 땀 흘리며 목이 찢어지라 우산 사라고 소리쳐도 누가 쳐다보기나 하려나."

추씨네 큰아들은 그의 부모 걱정대로 땀을 뻘뻘 쏟으며 울상이 돼 돌아다니지만, 우산은 하나도 안 팔린다.

그러나 하씨네는 딴판이다. 비가 쏟아지는 하늘을 보며 하씨네는 웃음꽃이 만발이다.

"우리 맏이 우산 잘 팔리겠네."

"그럼요, 그럼."

이뿐인가 어디. 햇살이 쨍쨍한 하늘을 바라보며

"우리 작은놈, 짚신 잘 팔리겠네. 허허허."

우산과 짚신을 팔러 나간 하씨네 아이들도 추씨네 아이들과는 달랐다. 우산 팔러 나간 큰아들은 햇볕이 쨍쨍한 날은 느티나무 그늘에서 우산 지게를 세워놓고 천하태평 낮잠을 자고, 짚신 팔러 나간 둘째는 비가 오면 주막집에 들어가 넉살 좋게 짚신을 주고 막걸리를 들이켰다.

추씨네는 언제나 집안에 한숨 소리뿐이고, 하씨네 집안은 언제나 웃음꽃이다.

친정 조카

　노마님이 마실갔다 집으로 들어오다가 걸음을 멈추고 대문 옆 양지 바른 담벼락 아래 쪼그리고 앉아 저고리 옷섶을 뒤집어 이를 잡는 거지 여식 애를 한참 내려다보고 있자니, 거지 여식애가 노마님을 흘낏 쳐다보고는 옷섶을 덮고 얼굴을 무릎에 파묻었다. 머리는 산발이요 얼굴은 덕지덕지 땟국이 흘렀지만, 이목구비가 또렷하고 눈망울이 초롱

초롱했다. 노마님이 인자한 목소리로

"우리 집으로 들어오너라."

거지 여식 애는 일어나 멈칫거리며 노마님을 따라 집으로 들어왔다. 노마님이 시키는 대로 우물가에서 세수하고 부엌에서 노마님이 차려 준 밥상을 마파람에 게 눈 감추듯 먹어 치웠다. 밥상을 치우고 나자 거지 여식 애는 빗자루를 들더니 드넓은 마당의 낙엽을 쓸기 시작했다. 노마님이 왜 마당을 쓰느냐고 물었더니 밥값을 하고 가겠다는 대답에 노마님이 곰곰이 생각했다.

"이 동짓달에 풍찬노숙하지 말고 우리 집에서 겨울을 나거라."

거지 여식애가 감격해 어깨를 들썩이며 흐느꼈다. 부엌 가마솥에 물을 끓여 거지 여식 애는 목욕을 하고, 노마님은 여식애가 입고 있던 걸레 같은 옷가지를 마당 가에서 몽땅 태워 없애고 장롱 속에 깊숙이 처박아 두었던 시집간 딸애가 어릴 적 입던 치마저고리를 부엌에 넣어 주었다. 부엌에서 여식 애가 마님을 불렀다.

"마님, 저는 계집애가 아니고 남자입니다."

노마님은 깜짝 놀랐다. 아들이 어릴 때 입던 옷을 찾아서 부엌에 넣어 주고 나서 방으로 들어오는 녀석을 본 노마님은 전혀 다른 사람으로 보여 또 한 번 놀랐다. 거지 녀석이 마대자루 아래를 터서 아랫도리를 감쌌기에 치마를 입은 줄 잘못 알았고, 게다가 움츠렸던 몸을 펴니 어린아이가 아니었다.

"네가 몇 살이냐?"

"열여섯입니다."

노마님은 난감해졌다. 여식 애를 몸종으로 데리고 있으려고 했는데 머슴애라니! 남편 여읜 지는 20년이 넘고 1남 2녀 키워 좋은 혼처 찾아 출가시킨 후 몸종 데리고 큰 집을 지키며 혼자 산 지 10년이 넘은 노마님이었다. 한데 지난달에 몸종 애가 제 어미 몸져누웠다고 집으로 가 버려 다른 몸종을 구하려고 했는데 머슴애라니!

빼쩍 말랐던 녀석이 꾸역꾸역 밥을 퍼먹더니 살이 붙고 팔은 억세졌다. 밤마다 팔다리를 안마하던 몸종 여식애 대신 이 녀석이 하니 훨씬 시원해졌다.

남들이 그렇게 불러 노마님이지 아직 마흔일곱밖에 되지 않았다. 저녁상을 물리고 나면 으레껏 노마님은 고쟁이 바람으로 보료 위에 눕고 녀석은 억센 손으로 안마했다. 종아리부터 주무르던 손길이 차츰 올라가 허벅지까지 갔다가, 노마님이 배를 깔고 돌아누우면 안마 손길은 엉덩이까지 갔다. 노마님은 숨이 가빠지고 녀석의 숨도 가빠졌다.

동네 사람들 앞에 이 녀석은 노마님의 친정 조카가 되어 "이모" 라고 불렀다. 노마님의 목신(木腎)은 부엌 아궁이 속으로 들어갔다.

고추 한 배

 삼남 일원에 여름 내내 비가 오고 역병이 돌아 고추 농사가 폭삭 망했다. 배짱 좋고 눈치 빠른 허탁은 돈 보따리를 싸 들고 경상도 영양 땅으로 내달려 가 닥치는 대로 고추를 사 모았다.
 김장철이 다가오자 우마차 스물여섯 대에 바리바리 고추를 싣고 영

덕으로 가 배 한 척 가득 채워 남해를 돌아 서해로 올라와 마포나루에 정박했다. 단판에 고추를 풀지 않고 감질나게 야금야금 풀며 시장 동향을 살피자 고추값은 천정부지로 뛰어오르기 시작했다.

허탁의 입이 귀에 걸렸다. 밤이 되자 허탁은 장안의 명기 일엽홍이 기다리는 상춘관으로 달려갔다. 열일곱 일엽홍은 얼굴은 절색이요, 가무음곡은 팔도강산에서 따를 자가 없었다. 산삼주에 송이·전복 안주를 시켜 밤새도록 마시고 술값을 듬뿍 쥐어 줘도 일엽홍은 치마를 벗지 않았다. 허탁이 돈을 물 쓰듯 해도 일엽홍은 바짝바짝 애만 태우고 몸을 허락지 않았다. 열두 칸 기와집을 사 주고 머리를 얹어 주겠다고 해도 일엽홍은 고개를 가로저었다.

"내 다시는 이 집에 발을 들여놓지 않으리다."

허탁이 문을 박차고 나가자 주모가 버선발로 달려나오고 일엽홍은 마루 기둥을 잡고 서럽게 울어 허탁은 다시 신발을 벗고 올라갔다. 그날 밤, 허탁은 주모가 차려 준 별당 신방에서 일엽홍의 치마를 벗겼다.

숲은 무성하고 옥문은 좁았다. 일엽홍도 불덩어리가 되어 두 사람은 광란의 밤을 보냈다. 가쁜 숨을 몰아쉬던 일엽홍은 부끄러워 불도 못 켜게 하더니 훌쩍훌쩍 울기 시작했다. 허탁이 왜 우느냐고 물어도 대답이 없었다.

깜빡 잠이 들었다가 깨니 동창이 밝았다. 허탁은 감격했다. 요 위에 선홍색 핏자국이 선명했다. 일엽홍은 단정하게 옷을 차려입고 꿀물을 들고 들어와 고개를 들지 못했다. 허탁은 상춘관에서 살고 허탁의 집사는 돈 보따리를 들고 문지방이 닳도록 들락거렸다. 어느 날, 집사가 하늘이 무너지는 소리를 했다.

"대인 나리, 고추를 다 팔았습니다."

"돈은?"

"모두 대인께 갖다 드렸습죠."

그날부터 주모와 일엽홍은 얼음처럼 차가워졌다. 주모는 별당의 방을 비워 달라 하고 일엽홍은 자기 살림살이를 챙기러 왔다. 허탁이 마지막으로 일엽홍의 허리를 안았지만, 그녀는 쌀쌀하게 손을 뿌리쳤다. 허탁이 긴 한숨을 쉬고 "내 양물은 너의 음호를 무수히 봤지만 내 눈은 한 번도 못 봤으니 마지막 소원 한번 들어다오."

일엽홍은 그것마저 거절할 수 없어 치마를 올렸다.

허탁이 시 한 수를 읊었다.

'양쪽의 두 입술에

이빨 하나 없는데

그 매운 고추 한 배를

혼자 다 먹어 치웠네.'

학동과 머슴

유월 땡볕에 밭을 매다 점심을 먹고 다시 들로 일하러 가는 길에 서당 앞을 지나게 됐다. 선들바람이 부는 서당 마루에서 학동들이 글을 읽고 있었다. 두 살 아래 도련님도 보였다. 훈장님의 선창에 합창하듯 학동들이 따라 읊는 소리는 숲 속의 산새들 울음소리보다 낭랑하다.

훅훅 달아오르는 지열 속에 땀방울을 비 오듯 쏟으며 콩밭을 매는 억쇠는 연방 한숨을 토했다.

"단 열흘만이라도 저 학동들처럼 신선놀음을 해봤으면 지금 죽어도 원이 없겠네, 아고 아고 내 팔자야."

저녁을 먹고 제방에 벌러덩 누워 연초를 피워 물고 있는 억쇠에게 도련님이 찾아왔다.

"억쇠야, 나도 담배 한번 피워보자."

억쇠는 눈을 크게 뜨고

"대감 나오리 알면 큰일 나요."

두어 모금 빨다가 캘록캘록 거린 도련님은 이번엔 억쇠 따라 봉놋방에 가겠다고 떼를 썼다. 봉놋방 뒷전에 앉아 머슴들이 킬킬거리며 골패하는 걸 보다가 탁배기도 한잔 얻어 마시고 억쇠와 함께 집으로 돌아왔다. 도련님은 억쇠방에 앉아 방구들이 꺼지라 한숨을 쉬며

"억쇠야, 네 팔자가 부럽다."

말문이 막힌 억쇠가 한참 만에

"도련님, 지금 나를 놀리는 거예요!?"

이튿날 아침, 대감이 억쇠와 도련님을 불렀다.

"서로 옷을 바꿔 입어라."

둘이 영문도 모른 채 멀뚱하게 서 있자 대감은

"오늘부터 억쇠는 서당에 가고, 너는 들에 가 콩밭을 매렸다."

지난밤 억쇠방에서 억쇠와 도련님이 서로 신세타령하는 걸 문밖에서 대감이 몰래 들었던 것이다. 둘 다 신이 나서 서당으로, 들로 내달았다.

산들바람이 부는 시원한 마루에서 하늘천따지 천자문을 시작한 억쇠는 마침내 신선놀음하게 됐다. 밭을 매다가 개울에 풍덩 뛰어들어 멱을 감고 연초를 말아 담배를 피우며 도련님은 신바람이 났다.

서당 마루에서 신선놀음(?)에 빠진 억쇠가 '악' 머리를 감싸 쥐었다. 자신도 모르게 깜빡 졸다가 훈장님 회초리가 억쇠 머리를 강타했던 것이다.

"훈장님, 다리가 저려서 못살겠어요, 다리 좀 펴면 안 될까요?"

학동들이 까르르 웃고 훈장님의 회초리는 억쇠의 허벅지에 시퍼런 줄을 만들었다.

"한나절 동안 콩밭 한 고랑도 다 못 맸으면 밥을 먹지 말아야지."

어느새 콩밭에 온 대감이 산울림이 퍼지도록 목청을 돋웠다. 도련님은 땡볕이 이렇게 따가운지 이전엔 미처 몰랐다. 손바닥엔 물집이 잡히고 허리는 두 동강이 나는 것 같다.

그날 밤, 등잔불 아래서 숙제를 하는 억쇠와 땡볕에 등허리 화상을 입어 물수건을 얹고 낑낑거리는 도련님이나 둘 다 죽을상이다.

"안 되겠어. 내일부터 제자리로 바꿔."

두 입에서 동시에 터져 나온 말이다.

호구 별성마마

 봄은 만물이 소생하는 좋은 계절이지만 아이들에게는 삶과 죽음의 갈림길에 서야 하는 홍역의 절기다. 행랑아범의 세 살 난 외아들이 홍역을 앓아 몸은 불덩이처럼 끓고 얼굴엔 홍반이 새빨간 앵두를 쏟아

부은 듯이 솟아올랐다.

행랑아범은 금방 길어 온 찬 우물물을 연방 수건에 적셔 가쁜 숨을 몰아쉬는 외아들의 얼굴에 얹어 열을 식히고, 마누라는 두 손바닥이 닳도록 호구 별성마마에게 빌고 또 빌었다. 사람들은 아이가 홍역에 걸리면 '호구 별성마마'가 그 집 아이를 잡아갈지 살려 둘지 생사여탈권을 쥐고 있는 신(神)이라 믿어 소반에 정화수를 떠 놓고 애걸복걸 우리 아이 살려 달라고 매달리는 것이다. 아이가 홍역을 치를 때면 식구들은 몸을 깨끗이 하고 언행을 조심하고 상서롭지 못한 것은 보지도 듣지도 말아야 한다.

엿새가 지나자 홍역 앓던 아이는 많이 좋아져 죽도 받아먹고 말도 하기 시작했지만, 아직도 어미는 방구석에서 밤늦도록 호구 별성마마께 비는 걸 멈추지 않았다. 아이는 잠들고 행랑아범은 벽에 기대어 게슴츠레한 눈으로 마누라를 쳐다봤다.

팔꿈치와 두 손을 동시에 방바닥에 대고 정화수 앞에서 엎드리자니 마누라의 엉덩이는 저절로 추켜올려져 쪼개진 곡선이 그대로 드러났다. 행랑아범이 엉금엉금 기어 정화수 소반 앞에 엎드리더니

"호구 별성마마님, 제 나이 이제 스물일곱, 매일 밤 빠뜨리지 않던 방사(房事)를 엿새나 못해 죽을 지경입니다. 우리 아이 살려 준 김에 소인도 좀 살려 주십시오."

말을 마치자마자 마누라를 안고 쓰러져 치마를 올렸다.

"이 양반이 미쳤어! 이 양반이…."

마누라가 행랑아범의 가슴을 쳤지만, 역부족, 꼼짝없이 깔리고 말

았다. 순식간에 날벼락이 치고 나자 행랑아범은 나무토막처럼 방바닥에 떨어지고 마누라는 옷매무새를 고치고 있는데, "네 이 연놈들아. 너희 아들이 성할 줄 아느냐!"

음습한 목소리가 깔려서 방 안으로 들어왔다. 마누라가 길가로 난 자그마한 들창을 열고 밖을 보니 갓을 눌러쓰고 얼굴엔 검은 점이 수없이 박힌 검은 두루마기를 입은 사람이 교교히 달빛을 받고 서서 섬뜩한 냉기를 뿜고 있는 게 아닌가!

"다, 다, 당신은 누구요?"

"나는 호구 별성마마가 보낸 사자다."

겁 많은 행랑아범은 이불을 뒤집어쓰고 벌벌 떠는데 마누라는 밖으로 나가 사자의 검은 두루마기 자락을 잡았다.

"사자 나리, 죽을죄를 지었습니다. 한 번만 용서해 주십시오."

"나를 따라오너라. 호구 별성마마가 용바위 아래서 기다리신다. 내가 본 대로 말씀드리고 나면 심판은 별성마마가 하실 거다."

사자가 성큼성큼 걸어가고 행랑아범 마누라는 종종걸음으로 따라가며

"사자 나리, 원하시는 건 무엇이든 할 테니 별성마마께 말씀드릴 때 저희들의 불경스러운 일은 일러바치지 말아 주십시오. 제발 부탁입니다, 나리."

검은 사자가 걸음을 멈추고

"음~"

생각에 잠기더니 행랑아범 마누라의 손목을 잡고 물레방앗간으로 들어갔다.

별성마마가 보냈다는 사자라는 작자는 집도 절도 없는 떠돌이 노름꾼이다. 때를 탈까 봐 항상 검은 두루마기를 입고 다니며, 이날도 노름판이 파하고 나서 그 집 앞길을 지나다 밤늦게 비는 소리를 듣고 들창문을 들여다보고는 굴뚝에서 꺼낸 검댕을 얼굴에 찍어 바른 후 그 수작을 부린 것이다.

약사발 정성

 노서방은 남이 놀 때 일하고 남들이 술 마실 때 냉수 한 사발로 목을 축이고 남들이 쌀밥을 먹을 때 깡조밥을 먹으며 한푼 두푼 모았다.
 노서방에게 시집온 길안댁도 부창부수라, 노서방보다 더 악착스러워 낮에는 농사일, 밤이면 삯바느질, 큰일 치르는 집에서는 일손을 거들어주며 품삯을 모았다. 농사를 끝낸 늦가을부터 노서방은 새우젓장수를 하고 길안댁은 방물장수를 했다. 어디서 논밭이 나오기만 하면 두

꺼비 파리 잡아먹듯 널름 낚아채는 것은 노서방이다. 그 바쁜 중에도 부부간의 금실이 좋아 가을무 뽑듯이 3년 터울로 아들 셋을 쑥쑥 뽑아냈다.

노서방이 마흔이 되자 사람이 변했다. 기와집을 짓고 땟국이 흐르던 옷을 벗어 던지고 황금빛 비단 마고자에 정자관을 쓰고 집에 하인들을 부렸다. 참봉 벼슬을 사서 사람들은 그를 노참봉이라 불렀다. 뒷짐을 지고 장죽을 물고 주막출입을 하며 동네 사람들에게 술도 샀다. 어느 날 얼큰히 술에 취해 안방에 들러 길안댁 치마끈을 풀었더니 허리는 절구통이요, 손은 나무뿌리요, 얼굴은 가뭄에 갈라진 논바닥인데 여덟 팔자로 누워 귀찮다는 듯이 하품까지 해댄다.

노참봉은 마침내 저잣거리에 첩 살림을 차렸다. 포동포동한 걸 껴안는 재미도 재미려니와 노참봉을 위하는 일이 하도 지극정성이라 감탄이 절로 나온다. 첩은 노참봉 가슴속을 꿰뚫어보며 입속의 혀처럼 노참봉이 말하기도 전에 가려운 곳을 긁어준다. 베갯머리송사에 넘어간 노참봉이 첩의 오빠 장사밑천을 대주고 첩의 친정에 논밭 사주느라 그동안 땀 흘려 사놓은 문전옥답은 하나둘 떨어져 나갔지만 가끔씩 본집에 들르는 노참봉에게 길안댁은 바가지를 긁지 않는다.

노참봉이 몸이 쇠하여 한의원에 가서 산삼·녹용과 온갖 비싼 약재를 넣은 대보탕을 지어왔다. 약 먹는 중엔 정을 삼가라는 한의원의 신신당부에 본집에 머물렀다. 길안댁이 약탕관을 끼고 사는데도 약사발은 많았다 적었다 들쭉날쭉이다.

"정성이 없어 정성이!"

노참봉은 냅다 고함을 지르고 남은 약 다섯 첩을 보자기에 싸들고 첩 집으로 갔다.

불과 닷새만인데 첩은 버선발로 나와 눈물을 글썽이며 노참봉 품에 안겼다. 한의원의 당부도 깔아뭉개고 첩의 치마를 올리고 고쟁이를 내렸다. 그날부터 첩이 달여 오는 약사발은 저울에 단 듯이 항상 약사발 위에서 한 치가 모자란 선에 대보탕이 고였다.

노참봉이 하루는 외출했다가 약 마실 때가 되어 첩 집으로 돌아와 약을 짜는 뒤뜰로 갔더니, 노참봉이 온 줄도 모르고 첩이 하수구에 약을 쏟고 있었다. 너무 많이 쏟았는지 다시 물을 붓는다.

악몽에서 깨어난 듯 정신이 퍼뜩 든 노참봉이 발길을 돌렸다. 그리고 두 번 다시 첩 집에 가지 않았다.

고로쇠와 은어

어느 날 아침, 전주 부자 김진사가 행랑아범을 불렀다.

"정월대보름 지난 지도 열흘이 넘었으니 자네 고향 구례엔 요즘 한창 고로쇠약수가 날 철이지, 아마."

행랑아범이 크게 한숨을 쉬고 기어들어 가는 목소리로 대답했다.

"그럴 겁니다요"

"겨울 내내 소화도 안 되고 속이 더부룩해서 고로쇠약수 나올 날만

학수고대하고 있었네. 자네가 내 위장병을 좀 고쳐 줘야 쓰겠네."

행랑아범은 또 한 번 한숨을 쉬고

"알겠습니다. 내일 아침에…"

하는데, 김진사가 못마땅한 얼굴로

"자네가 가기 싫으면 안 가도 되네" 했다.

"아, 아닙니다. 오늘 당장 떠나겠습니다."

행랑아범은 고개를 숙이고 뒷걸음질로 물러나 자기 방으로 갔다.

"여보 마누라, 고로쇠 물 가지러 고향 다녀와야겠네."

마누라도 깊은 한숨을 쉬고는 얼굴을 무릎에 묻었다. 행랑아범이 문을 걸어 잠그고 마누라의 허리를 당겼다. 치마를 벗기고 고쟁이를 내렸다. 행랑아범이 속으로 '이놈의 구멍이 화근이야' 이를 갈며 절굿공이 같은 양물로 막창이라도 낼 듯이 콱콱 찔렀다. 마누라는 터지는 고함을 막느라 이불자락을 덮어썼다.

육중한 행랑아범이 마지막 용틀임을 하고 고목이 쓰러지듯 방바닥에 떨어져 여덟 팔자로 누워 거친 숨을 가다듬자 마누라가 팔베개하고 누워

"여보, 우리가 이렇게 살아야 해? 이 집을 나갑시다."

행랑아범은 말없이 일어나 담배 한 대를 피우더니 단봇짐을 챙겨 집을 나섰다. 행랑아범 마누라는 구겨졌던 얼굴을 펴고 살포시 미소를 머금고 좁은 부엌에 들어가 물을 데워 온몸을 씻고 방에 들어가 얼굴에 분을 발랐다.

그날 밤, 행랑아범은 구례로 가다가 날이 저물어 주막에 단봇짐을

풀고 지금쯤 집에서는 무슨 일이 벌어질지 생각하 기도 싫어 벌컥벌컥 술을 퍼마셨다. 그 시간, 사랑
방에서 글을 읽던 김진사는 살며시 나가 행랑채 방문
을 열었다. 행랑아범 마누라가 호롱불을 껐다. 김진사와 행랑아범 마누라는 뜨거운 숨을 내뿜으며 허겁지겁 옷을 벗고 두 몸뚱이가 으스러지라 마주 껴안고는 나뒹굴기 시작했다.

부글부글 끓는 것은 멀리 주막집에서 탁배기를 마시는 행랑아범뿐만이 아니다. 김진사의 부인인 안방마님도 고양이 걸음으로 마당을 가로질러 행랑채 기둥 뒤에 숨어 연놈들 광란의 숨소리를 들으며 박박이를 갈았다. 양반집 가문에 시집와 투기는 못하고 가슴속만 숯이 되는 것이다.

행랑아범이란 원래 대문 옆에 딸린 행랑채에 살면서 잔심부름이나 하고 방세나 면제 받는 법인데, 김진사네 행랑아범은 뼈가 부서지라 일하는 머슴보다 더 많은 새경을 받았고, 행랑아범 마누라는 따로 김진사로부터 엽전 주머니까지 받는다.

여색에 골병이 들었는지 김진사가 드러누워 명의란 명의를 다 불러도 백약이 무효, 봄 내내 요를 흠뻑 적시더니 황천길로 가 버렸다. 1년 만에 탈상하고 나자 과부가 된 안방마님이 행랑아범 마누라를 불렀다.

"너희 친정아버지가 섬진강에서 은어를 잡는 어부라 했지?"

"네. 그러하옵니다."

"오랜만에 친정에 가서 은어 좀 사 오너라."

운명을 깨다

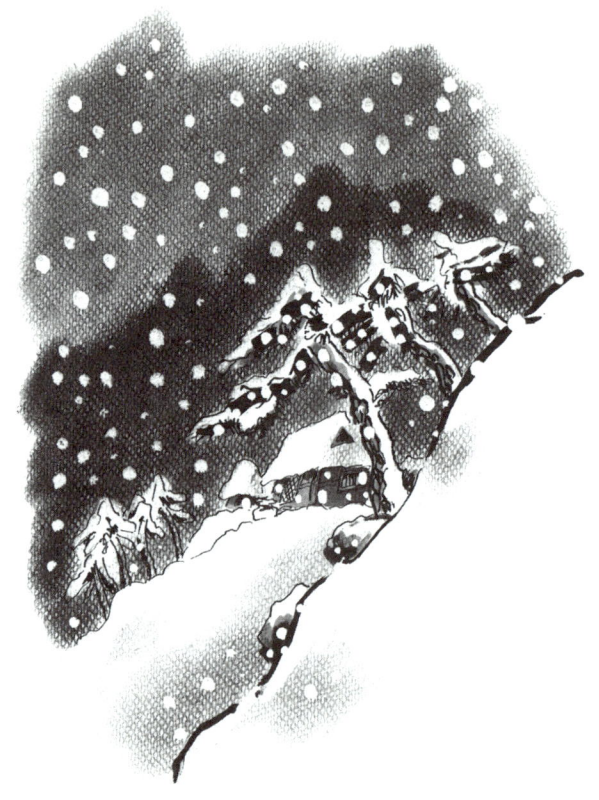

초산고을 기생 설화는 나이 16세에 사또의 눈에 들어 수청을 들게 되니 사또는 그녀를 무척이나 총애해 다른 기생은 거들떠보지도 않았다. 꽃 같은 세월을 보내던 중 갑자기 사또가 내직을 맡아 한양으로 올

라가게 되자, 사또는 쓰던 집기와 세간을 모두 설화에게 넘겨주고 많은 돈까지 챙겨 주며 마지막 밤 잠 한숨 자지 않고 정을 나눴다.

"내 너와 정이 깊이 들어 한양에 가서도 너 없이는 못살겠구나. 내가 먼저 올라가니 너도 살림을 정리하여 한양으로 올라오너라. 한평생 함께 살 것을 대장부 일언으로 약속하노라."

이에 설화는 눈물을 쏟으며 고개를 끄덕였다. 설화는 점을 보러 갔다.

"너는 나이 많은 영감님의 첩으로 살 팔자니라. 젊은 남자와 살면 제 명을 채우지 못할 게야."

설화의 마음은 굳어졌다.

설화는 두 달 동안 살림을 정리해 말 한 필을 사고 어린 수행 종을 사서 말고삐를 잡도록 했다. 때는 마침 한겨울이라 길 떠난 지 닷새째, 밤새 눈이 내리더니 이튿날도 눈발은 그치지 않았다. 길이 눈 속에 파묻혀 방향을 종잡을 수 없었다. 섣달 토끼 꼬리처럼 짧은 낮이 저물어 어둠살이 앉았다.

"으악!"

앞서 가던 수행종이 낭떠러지에 떨어져 사라지고 비명 소리만 메아리쳤다. 살을 에는 추위는 뼛속까지 스며드는데 설화는 말 위에 엎드려 정신을 잃었다. 얼마 만인가. 정신을 차리니 뜨뜻한 방에 이불을 덮어 쓰고 누워 있는 게 아닌가. 머리가 두자나 되고 수염이 한자나 되는 도인이 뜨끈한 잣죽을 쑤어 들고 들어왔다. 열여섯 살 설화는 뜨거운 구들에 등을 지지고 잣죽을 한 그릇 비우고 나서 거뜬하게 일어났다. 첩첩산중 암자에서 도를 닦던 도사가 지난밤 말 울음소리를 듣고 골짜기

눈 속에 파묻힌 말고삐를 잡아당겨 설화를 살려낸 것이다.

이튿날도 눈은 그치지 않았다. 설화가 도사를 자세히 보니 수염은 길지만, 나이는 젊어 보였다. 두 남녀는 하릴없이 마주 보고 앉았다가 서로 지나온 세월을 털어놓게 되었다. 스물일곱 살 도인이 털어놓았다. 그는 삼대독자 외동아들이었다. 세 살 때 노스님이 느닷없이 그의 집을 찾아와 그의 부모에게 말했다.

"지금 당장 출가하지 않으면 이 아이 목숨은 백일을 못 넘길 거요."
그는 울며불며 노스님 손에 끌려와 24년을 이 암자에서 도를 닦고 있었다. 노스님은 작년에 입적하고 혼자 지내는 것이다.

그날 밤, 누가 먼저랄 것도 없이 두 남녀는 와락 껴안았다. 훌렁훌렁 옷을 벗어 던졌다. 겹겹이 껴입었던 옷은 그들을 꽁꽁 묶어 두었던 운명인 양 훨훨 날아갔다. 벌거벗은 남녀는 불덩이처럼 뜨거워져 마음속 운명의 앙금을 녹여 버렸다. 관솔불이 흐느적거리는 첩첩산중 암자의 외딴방에 폭풍이 일었다. 벌써 질퍽해진 설화의 음문으로 바위 같은 젊은 도사의 양물이 힘차게 들어가자 그녀는 흐느끼고 그는 비명을 질렀다.

"늙고 힘없는 노인의 첩으로 일생을 살 수는 없어!"
"한평생 도를 닦아 목숨을 부지하는 게 내 인생은 아니야!"
이듬해 섣달 그믐날, 젊은이는 세 살 때 울며불며 떠났던 집을 찾아갔다. 예쁘고 총명한 색시와 달덩이 같은 아들 쌍둥이를 안고!

코 큰 남자, 입 작은 여자

 애 못 낳는 석녀라고 시집간 지 3년 만에 쫓겨난 심실이는 억울하기 짝이 없다. 도대체 신랑이란 작자의 상판대기라도 볼 수 있어야 애를 만들든지 돌부처를 만들든지 할 것이 아닌가. 밭에 씨를 뿌려야 싹이 나지!
 혼례를 올리고 첫날밤을 지새운 신랑이 한숨을 쉰 후 가뭄에 콩 나듯이 신방을 찾더니 1년도 채 되지 않아 거의 발길을 끊었다. 들리는 소

문에 신랑은 첩을 얻어 딴살림을 차렸다는 것이다.

시집이 만석꾼 집안이라 심실이는 소박맞을 때 번듯한 기와집과 문전옥답 백 마지기를 얻어 나왔다. 정직한 먼 친척 아저씨가 심실이의 집사가 되어 소작농들을 잘 관리해 심실이네 곳간은 나락섬이 넘쳐났다.

심실이는 걱정거리가 없다. 그러나 밤이 문제다. 방물장수 할머니한테서 목신(木腎)을 샀다가 한 달 만에 싫증 나고, 소가죽으로 만든 걸 비싼 돈을 주고 샀지만, 그것도 성에 차지 않아, 어느 날은 입이 무거운 소작농 한 사람을 안방으로 불러들였다. 심실이는 점점 대담해져 이웃집 머슴을 끌어들이고 나서는 이 남자 저 남자 닥치는 대로 잠자리를 함께했다.

심실이의 얼굴에 화색이 돌아야 하는데 아직도 그녀 얼굴엔 수심이 가득하다. 도대체 심실이를 꽉 채워 줄 남자가 없는 것이다.

"세상 남자들이 왜 이 모양들인가? 호리병에 젓가락 꽂기야."

밤을 함께 지새운 남자를 떠나보내고 나서 심실이는 언제나 이렇게 탄식했다. 어느 날 장터에 나갔다가 심실이는 눈이 번쩍 뜨이는 탁발승을 만났다. 골격이 장대한데다 무엇보다 코가 엄청 컸다. 그 탁발승도 심실이와 눈이 마주치자 무엇에 홀린 듯 뚫어지게 바라보았다.

심실이는 몸종을 시켜 탁발승에게 청을 넣어 집으로 모셔 왔다. 다른 남자들 대하듯이 노골적으로 이불 속에 끌어들일 수는 없어 우선 환심을 사려고 시주를 했다.

"스님, 이거 약소하지만 제 정성으로 받아 주십시오."

엽전꾸러미를 받아 든 탁발승은 거금에 깜짝 놀랐다.

"스님, 목이 마르실 텐데 곡차나 한잔 드시지요."

청주 석잔을 연거푸 마시기에 닭을 한 마리 삶아 올렸더니 상 위에 뼈만 남겼다.

'곡차에 고기를 뜯는다면 그건 말할 것도 없지.'

심실이는 쾌재를 부르며 촛불을 껐다.

하늘엔 천둥·벼락이 치고 땅은 요동을 쳐야 할 일인데 운우는 싱겁게 지나가고 말았다. 심실이는 화가 치밀었다. 옛말 틀린 게 없는데, 코가 크면 양물도 크다더니 코는 주먹만 한데 양물은 번데기다.

심실이는 본전 생각이나 탁발승을 눕혀 놓고 이번엔 그 큰 코 위에다 음문을 맞춰 비벼댔다. 거웃에 콧잔등이 헐어 시뻘게진 코를 어루만지며 탁발승이 그 집을 나와 터덜터덜 걸으며 중얼거렸다.

"옛말 틀린 게 없는데…. 입이 작으면 그것도 작다 했는데 그 보살은 작은 입에 하발통이네."

여승

윤참판은 그럴듯한 허우대에 인물 준수하고 언변 또한 좋아 자유자재로 사람들을 울리고 웃기는 재주를 가졌다.

열두 살에 초시에 붙고 열여섯에 급제한 빼어난 문필에 영특하기는 조선 천지 둘째가라면 서럽다. 성품도 너그러워 그를 미워하는 사람이 없는데다, 선대로부터 재산도 넉넉하게 물려받아 나랏일을 하면서 일전 한 닢 부정하는 일이 없으니 모든 사람이 그를 우러러본다. 한겨울에 맨발로 다니는 거지에게 자기 신발을 벗어주고 땟거리가 없는 집엔 곡식 자루를 보낸다. 부모에게 효도하고 형제간에 우애 있고 처자식에게 자상하다.

그런데 그런 그에게도 하나의 티가 있다. 여자를 너무 좋아하는 것이다. 노소미추, 신분고하를 막론하고 치마만 둘렀다 하면 사족을 못 쓰는 것이다. 수많은 여자를 섭렵했지만, 말썽 일으켜 봉변당한 적이 한 번도 없다. 남녀관계란 이불 속에서는 한몸이지만 헤어지면 원수가 되는 법, 그러나 윤참판을 거쳐 간 무수한 여자들은 어느 누구하나 그를 욕하는 법이 없다.

윤참판이 명월관 춘심에게 싫증이 날 즈음, 서당골 오과부댁과 눈이 맞아 날만 어두워지면 그 집으로 갔다가 닭이 울 즈음 남의 눈을 피해 집으로 돌아온다. 그날도 밤새도록 육덕이 푸짐한 오과부를 끼고 운우의 정을 만끽하다가 감나무가지에 걸린 그믐달을 보며 새벽녘에 집으로 돌아왔다.

어라, 이게 무슨 변고인고? 안방에서 난데없이 목탁소리가 나는 것이 아닌가. 헛기침을 하고 안방 문을 열었더니 여승이 촛불을 켜놓고 눈물을 흘리며 불경을 외고 목탁을 치는 것이다.

"대감, 소저는 오늘 아침 입산하기로 했습니다. 좋은 여자 구해서 안방을 차지하도록 하고 부디 만수무강하십시오."

부인이 삭발을 하고 여승이 된 것이다.

"부인!"

윤참판이 침을 꿀꺽 삼키며 정적을 깼다.

"가만히 생각하니 부인 속을 많이도 태웠구려. 친구 부인, 하인 마누라, 술집 작부, 과부, 방물장수… 온갖 여인 다 접해봤지만, 아직 여승은 내 품에 품어보지 못했소."

하도 어이없어 입만 벌리고 있는 부인을 윤참판이 쓰러뜨렸다. 부인이 발버둥 쳐보았지만 이내 발가락을 오므리고 윤참판의 등을 움켜잡았다.

땀범벅이 된 부인이 옷매무새를 고치고 "못 말리는 대감" 눈을 흘기며 싸 놓았던 보따리를 풀었다.

붓 장수

꽃피고 새 우는 화사한 봄날은 쾌청이건만 운무댁 얼굴은 오늘도 흐림이다.

붓을 팔러 이 장 저 장 돌아다니다가 보름 만에 집에 들어온 남편이란 게 감기에 걸렸다며 기침을 해대더니 저녁 수저를 놓자마자 이불을 덮어쓰고 벽을 보고 모로 누워 앓기 시작한 것이다. 간밤에는 중병에라도 걸린 것 같더니 이튿날 아침엔 발딱 일어나 진주 지필묵 도매상에 가야 한다며 휑하니 떠나 버렸다.

　시집온 지 5년이 되었건만 한 번도 등줄기에 땀이 나도록 시원하게 밤일을 치러 본 적이 없었다. 골방에 처박혀 붓만 만드느라 그런지 남편의 얼굴은 창백하고 팔다리는 삐쩍 마르고 손마디만 길었다. 어쩌다 운무댁이 가슴에 파고들면 마지못해 일을 치르지만 깝작깝작하다가 이내 픽 쓰러지고 만다.
　언제나 가슴이 뻥 뚫린 운무댁이 양지바른 툇마루에 앉아 하염없이 담 넘어들어온 복사꽃을 보고 있는데 서당 다니는 뒷집 총각이 불쑥 들어왔다. 시집왔을 때 코흘리개 개구쟁이더니 벌써 울대가 올라오고 목소리는 굵어졌다.
　"니 나이 몇이고?"
　"열 일곱입니더."
　"볼일이 뭐고?"
　"붓 하나 사려구요."
　운무댁은 헤 벌어진 치맛자락을 걷어 올리며 앞장서서 골방으로 갔다. 어두컴컴한 골방엔 붓이 가득 찼다.
　뒷집 총각이 붓 하나를 골라 들고 물었다.
　"아지매요, 이거 얼마 합니까요?"
　"그냥 가져라."
　그 말에 총각 눈이 둥그레졌다.
　"공짜로요?"
　"그래."

"안됩니다. 얼만지 말씀하세요."

운무댁이 생긋이 웃으며 말했다.

"니가 꼭 보답하려거든 그저께 삔 내 왼발목이나 주물러 다오."

운무댁이 벽에 기대어 주저앉자 어깨가 떡 벌어진 뒷집 총각이 잠깐 주저하더니 꿇어앉아 버선을 벗기고 왼 발목을 주무르기 시작했다.

"아이고, 시원타. 주무르는 김에 종아리도 좀 주물러라."

운무댁은 고쟁이 끝자락을 허벅지까지 끌어올리고 희멀건 다리를 뒷집 총각에게 맡겼다. 뒷집 총각은 숨소리가 가빠졌다.

"니, 벌떡 일어서 봐라."

뒷집 총각이 일어서자 하초가 바지를 뚫을 듯이 곤추섰다.

"이거 그냥 두면 내 발목처럼 삔다. 이리 오너라."

허리띠를 풀어 버리자 바지가 내려갔다. 남편 것과는 비교도 할 수 없는 우람한 양물이 끄덕였다. 운무댁이 치마끈을 풀어 젖가슴을 드러내 놓고 고쟁이를 내려 시키먼 옥문을 열자 열일곱 총각은 얼어붙었다. 폭풍이 번개처럼 지나가고 물 한 사발을 들이켜고 나자 또다시 폭풍이 몰아쳐 이번엔 길게 길게 이어졌다.

이 동네에 또 한 사람의 붓 장수가 나타났다. 뒷집 총각은 서당 학동들에게 붓을 팔았다. 운무댁 남편 붓 장수가 파는 붓 값의 반값으로.

외눈박이를 죽여라

 어릴 때 친구들과 죽창놀이를 하다가 한쪽 눈을 잃어버린 외눈박이는 어른이 되어 수완 좋게 장사를 해서 큰돈을 벌었다. 외눈박이가 약재를 사러 영월로 가는 길에 짧은 가을 해가 떨어지자 산골짝엔 금방 어둠이 내렸다. 외눈박이는 산적이라도 만날세라 전대 끈을 바짝 조였다. 고갯마루에 올라서자 멀리 주막집 불빛이 보여 정신없이 내달려 사립짝을 흔들었다. 주모가 엉덩짝을 흔들며 마당을 가로질러 나와 사립을 열었다.

"어이구, 추워. 하룻밤 자고 가리다. 저녁을 못 먹었으니 닭 한 마리 잡아 주시오."

"그런데 손님, 손님방에 지금 군불을 지피면 시간이 한참 걸리고 저녁상 차리는 것도 늦어집니다요. 괜찮으시면 안방 위 칸을 쓰시면 어떻겠습니까?"

"괜찮소. 아무 방이나 뜨뜻하면 됐고, 저녁상이나 빨리 차려 주시오."

마당 가에 객방이 대여섯 개 늘어섰지만, 손님이 하나도 없어 모두가 싸늘한 냉방이라, 외눈박이는 부엌 아궁이 구들이 이어진 안방 위 칸에 두루마기를 벗어 걸었다. 안방과 위 칸 사이엔 장지문이 있어 그런대로 다른 방이 되었다. 부엌에서 닭 멱따는 소리가 들리더니 얼마 후 푸짐한 저녁상이 올라왔다. 반주로 탁배기 한 되까지 마신 외눈박이는 상을 물린 후 전대를 풀어 베개 밑에 묻고 자리에 누웠다.

앞산에서 부엉이가 음산하게 울었다. 그때, 사립짝 방울이 울리자 주모가 달려나갔다. 쿵쿵 마당을 밟는 소리로 봐 덩치 큰 사내임이 분명했다. 안방으로 들어온 사내는 탁배기를 마시는지 콸콸거리더니 꺼억 하고 거하게 트림을 했다. 잠시 후 불이 꺼지더니 남자가 거친 숨소리와 함께 깔린 목소리로 "외눈박이를 죽이자"고 하자 주모가

"급하기도…. 잠도 안 들었어요."

그 말에 외눈박이는 문을 박차고 마당을 가로질러 도망쳤다.

"저놈 잡아라!"

뒤꼭지에 달라붙는 소리를 들으며 외눈박이는 산속으로 냅다 뛰었다. 숨이 목까지 차올라 주저앉았더니 짚신도 신지 않은 발은 피투성이

가 되었고 옷도 찢겨 걸레가 되었지만, 전대는 옆구리에 차고 있었다. 낙엽을 파고들어 가 오들오들 떨면서 하룻밤을 보낸 외눈박이는 날이 새자 영월 관가로 갔다. 동헌에 주막집 연놈들이 잡혀 왔다. 사또의 불호령이 떨어졌다.

"네놈들이 손님을 죽이고 전대를 뺏으려 했겠다!"

"사또 나리, 그런 적이 없습니다."

"네놈이 외눈박이를 죽이자고 했잖느냐!"

그 말에 주모와 덩치 큰 사내는 얼굴이 홍당무가 되었다. 덩치 큰 사내가 얼굴을 돌려 이방을 불렀다. 다가간 이방에게 사내가 귓속말로 뭐라고 말하자

"우헤헤헤"

이방이 배를 잡고 꼬꾸라졌다. 사또가

"무엄한지고!"

고함을 지르자 계단을 오른 이방이 사또 귀에 대고 무언가 소곤거렸다.

"푸하하하!"

사또도 폭소를 터뜨렸다. 송사는 유야무야로 끝났다.

그날 밤, 사또가 부인의 옷고름을 풀면서

"부인, 외눈박이를 죽입시다"

하자 부인이 의아해,

"외눈박이가 뭡니까?"

"부인이 잡고 있는 양물이오. 들어갈 때 기세등등하던 외눈박이가 부인의 음호에서 온갖 재주를 부리다가 죽어서 나오지 않소!"

부인도 깔깔 웃었다.

젓 장수

"새우젓 사려, 굴젓도 있어유."

젓 장수가 젓통 두 개를 등에 지고 동네를 돌며 목청을 뽑자 개울 건너 앞산에 산울림이 되어 울려 퍼졌다. 스물두 서너 집 되는 작은 산골 동네 나지막한 초가집 굴뚝엔 집집마다 저녁연기가 모락모락 피어오르고, 마당가 감나무엔 꼭대기에 매달린 몇 개 남은 까치밥이 넘어가는 마지막 햇살을 잡고 불을 머금은 듯 빨갛게 물들어 있었다.
 추수를 해서 집집마다 곳간이 그득할 때라 조 한 뒷박을 퍼 와서 새우젓 한 국자를 받아 가고, 나락 한 되를 퍼 와서 굴젓 한 종지를 받아 갔다. 새우젓장수 등짐에 젓은 줄었지만, 곡식 자루는 늘어 더 힘들어졌다.

 새우젓장수는 망설여졌다. 개울 건너 외딴집 하나를 보고 디딤돌을 조심스럽게 밟아 개울을 건너다가 허탕을 치면 어쩌나 싶어 큰소리로 외쳤다.
 "새우젓~ 굴젓~. 젓 사려."
 개울 건너 멀리 외딴집 사립문이 열리고 안주인이 나와 손짓을 했다. 장사꾼이 뭔가. 일전만 남아도 십리 길을 간다는데 개울 건너 빤히 보이는 곳을 마다할 수야 없지. 조심조심 디딤돌을 딛고 개울을 건너 갈대밭 오솔길을 지나 외딴집 사립문 앞에 다다랐다.
 "젓 왔시유."
 사립문이 열리더니 안주인 여자가 나와 다짜고짜 앙칼진 목소리로,
 "여보시오, 말을 좀 똑바로 하고 다니시오. 새우젓, 굴젓 해야지, 새우좆, 굴좆, 좆 사려 하면서, 아니어도 가을바람에 싱숭생숭한 과부 가슴을 흔들어 놓는 거요."
 사립문을 홱 닫고 치마 깃을 걷어 올리며 들어가 버리는 게 아닌가. 새우젓장수는 어안이 벙벙해서 아무 말도 못 하고 멍하니 서 있다가 화가 치밀어 올라 사립짝을 발로 걷어차자 과부가 다시 나왔다.
 "내가 젓 장수 한 지 십오 년이 넘었는데 젓과 좆을 구분하지 못한

단 말이오? 내가 좆 사려 좆 사려 했지 언제…"

아뿔싸. 흥분한 나머지 젓장수 입에서 젓과 좆이 헷갈려 버렸다.

과부 왈,

"거봐요. 들어오시오. 그걸 사리다."

젓 지게를 장독대 뒤에 숨겨 두고 젓 장수는 안방으로 들어갔다. 과부가 된장을 보글보글 끓인 저녁상에 탁배기 호리병도 들고 왔다. 탁배기 한 사발을 마신 젓 장수는 호롱불을 끄고 과부를 쓰러트렸다.

치마를 올리고 고쟁이를 벗기자 벌써 과부는 불덩어리가 되었고 옥문은 질척거렸다. 훌훌 옷을 벗어 던진 젓장수가 용솟음치는 양물을 옥문으로 들이밀자 과부는 흐느끼며 낙지처럼 달라붙었다.

구들장이 꺼질 듯 폭풍이 지나가고 나서 젓 장수는 아랫도리만 가리고 저녁상을 마파람에 게 눈 감추듯 해치웠다. 그리고 두 번째 운우를 이번엔 길게 길게 하고 깜빡 잠이 들었다가 깨어나니 과부가 씨암탉 한 마리를 삶아 왔다.

2부

밤늦도록 술을 마시고 금침을 깐 후
오화춘은 진하게 육탄공세를 퍼부었다.
가쁜 숨을 몰아쉬며 발가벗은 그대로
나그네 품에 안겨 베갯머리송사로 물었다.
"서방님 도대체 무얼 하는 사람이며
어디로 가는 길입니까?"

– 잡혀가는 국사범 中

이주국의 배짱

조선시대 영조 때 이주국이라는 한량이 있었는데, 무과에 급제했지만, 권신에게 미움을 사서 보직을 못 얻어 속만 끓고 있는 신세였다.

하루는 삼청동 뒷산에서 심심풀이 삼아 활을 쏘며 소일하고 있는데, 좋은 장끼 하나가 꺼껑 푸드드득 하고 놀라서 날아가기에, 겨냥해 쏘았더니 정통으로 맞고 그 아래 대궐 같은 큰 저택 뜰 안으로 떨어졌다.

곧장 내려와 그 집 솟을대문 앞에서 하인을 불러 꿩을 내놓으라고 호통을 쳤다. 하인은 대감의 세력만 믿고 그런 일이 없다느니, 있어도 내줄 수 없다느니 해 자연 언성이 높아지게 되었다. 그러는데 그 댁 청지기가 쫓아 나와서, 대감마님 분부 시라며 들어와 얘기하라고 전갈한다.

사랑 마당에 들어서서 곧장 층계 위로 올라 군례를 드리니, 영창을 열고 내다보던 노대감은 우선 이주국의 장부다운 기상에 호감이 가서 하인들을 꾸짖었다. "남의 꿩이 들어왔으면 선선히 내어줄 것이지, 왜 일을 버르집느냐?"

그리하여 하인들이 숨겨 놓았던 꿩을 내어온 것을 보니 화살이 장끼의 산멱통을 꿰뚫고 있었다.

"자네 활 솜씨가 어지간하이 그래! 내 마침 심심하게 앉아 있던 중이니 들어와 얘기나 좀 하세. 그리고 출출할 테니 술이라도 한잔하고…"

"그러시다면 이 꿩을 안줏감으로 드리겠습니다."

이리하여 주인과 마주 앉게 되었는데 이분이 다름 아닌 홍봉한이니, 당시 권세를 한 손에 쥐고 있는 분이다. 홍대감이 허우대가 훤칠한 청년 이주국과 마주 앉아 얘기해보니 학식과 기개가 보통이 아니어서 시간 가는 줄 모르고 있는데 부엌에서 장끼 볶음을 안주로 술상이 나왔다. 잔을 주거니 받거니 웃음꽃을 피워가며 얘기를 나누다, 홍대감은 지필묵을 갖고 와 동생인 이조판서 인한에게 보내는 편지를 썼다. 이주국에게 보직을 주라는 내용이다.

하인을 시켜 당장 갖다 주라 이르고 다시 술잔이 오갔다. 술 한 호리병을 마시고 나자 심부름 갔던 하인이 답장을 들고 왔다. 이번엔 보직을 줄 수 없으니 다음에 보겠다는 내용이다. 그것을 본 이주국은 다

짜고짜 홍대감에게 "꿩 값을 주십쇼. 제 꿩은 산 것이었으니 예사 꿩 값 몇 곱을 주셔야 합니다."

얼굴이 시뻘게진 홍대감은 이주국에게 돈을 던졌다. 그리하여 꿩 값을 받아든 그는 대문을 나서면서 웃었다. 이튿날 기별지에는 그의 보직이 발표되었다. 그 길로 번듯하게 군복을 갖춰 입고 제일 먼저 찾아간 곳은 홍봉한 대감댁이다.

"덕분에 한자리했습니다. 어제 오죽이나 역정이 나셨겠습니까? 그 길로 그만두라는 쪽지를 보내셨을 것이고, 이조판서께서는 또 홍대감의 노여움이 대단하신 것으로 여겨 즉시 한자리 배정하신 겁죠. 그저 죄송합니다."

홍대감은 껄껄 웃었다.

공부머리, 장사머리

 이초시는 자나 깨나 외동아들 덕배가 걱정이다. 일곱 번이나 과거에서 낙방하고 이제는 논밭에 매달린 이초시는 자신의 쓰라린 한을 아들놈이 풀어 주기를 바라지만 이 녀석이 공부하고는 담을 쌓았다.
 또래 아이들은 사자소학을 떼고 사서를 파는데 열네 살 덕배는 아직도 천자문에 매달려 끙끙 앓고 있다. 이초시가 눈물을 떨구며 애원하다가 어떤 때는 회초리를 들고 종아리에 피가 나도록 때려도 보지만

덕배의 학습 진도는 여전히 거북이걸음이다.

어느 날 이초시가 훈장님을 찾아갔을 때 놀라운 얘기를 들었다. 지난달 훈장이 덕배에게 저잣거리 붓 가게에 가서 족제비 꼬리 붓을 사오라고 열닷 냥을 주며 심부름시켜 이튿날 아침에 받았다고 했다. 그 붓이 썩 마음에 든 훈장은 며칠 뒤 우연히 장터에서 붓 장수를 만났을 때 좋은 붓을 줘서 고맙다고 인사했더니, 붓 장수가 자기는 족제비 꼬리 붓을 판 적이 없다고 했다는 것이다.

'저잣거리에 붓 가게는 하나뿐인데?' 서당에 와서 덕배에게 꼬치꼬치 캐물은 결과, 덕배는 열닷 냥을 들고 붓 가게로 가지 않고 삼십리나 떨어진 붓 만드는 공방으로 가 열두 냥을 주고 족제비 꼬리 붓을 사고 나머지 세 냥은 자기 주머니로 챙긴 것이다.

훈장님이 껄껄 웃었지만 이초시는 화가 치밀어 "이놈의 자식. 훈장님 돈을 떼먹다니!" 주먹을 불끈 쥐는데 훈장님이 정색하고 "이초시, 덕배가 잘못한 게 하나도 없소이다. 오히려 칭찬해 줘야지요. 덕배는 장사에 타고난 소질이 있습니다."

어느 날 서당에서 덕배는 머리 굵은 형들 다섯에게 각각 한 냥씩 받고 그들을 집으로 데리고 가 뒤꼍 토란밭에 몸들을 숨겼다. 조금 있자니 들에서 새참 그릇을 이고 온 삼월이가 토란밭가 우물로 와서 옷을 훌렁훌렁 벗더니 멱을 감았다. 출렁이는 젖무덤하며 사타구니에 우거진 숲을 보며 토란밭의 학동들은 침을 흘렸다.

며칠 후 머리 굵은 녀석들은 덕배의 새로운 제안에 몸살을 앓기 시작했다. 두 냥의 돈이 없는 녀석은 몰래 집에서 쌀 두뒷 박을 퍼 오기도 했다. 그날 밤, 덕배 방에 모인 머리 굵은 녀석들은 함께 공부한답시고 소리 내어 글을 읽자 덕배 어미는 삼월이를 시켜 떡을 들여보냈다.

밤이 깊어지자 덕배의 신호에 다섯 녀석들이 고양이 걸음으로 뒤꼍으로 가 삼월이 방의 열린 들창으로 자라목을 길게 뺐다. 등잔불을 켜 놓은 채 홑치마만 입은 삼월이가 가슴을 어루만지며 몸을 비틀기 시작했다.

들창 밖의 녀석들은 침을 꼴깍 삼켰다. 삼월이 몸부림이 점점 격해지더니 마침내 홑치마 끈을 풀어헤치고 실오라기 하나 걸치지 않은 발가벗은 몸을 드러냈다. 눈을 감은 채 손가락은 입으로 빨고 또 한 손은 옥문을 파헤쳤다. 삼월이의 신음 소리가 몸부림에 장단 맞춰 끊어질 듯 이어지자 머리 굵은 다섯 녀석은 용두질을 해대기 시작했다.

이튿날, 덕배가 삼월이를 만났다.

"누나, 이번엔 쌀 네 되에 여섯 냥이 들어왔어. 쌀은 누나가 갖고 나는 여섯 냥을 가질게."

"그래, 손님 모으느라 수고했다."

"누나, 올해는 장마가 길어진대. 합자해서 소금을 사 두자. 김장철이 다가오면 소금값이 치솟을 거야."

덕배는 스물두 살에 거상이 되어 이 고을 최고 부자가 되었다.

잡혀가는 국사범

정주 기생, 오화춘이 어느 날 밤 낯선 손님 하나를 받았다.

비가 주룩주룩 쏟아지는 밤에 비에 젖은 선비가 도화옥을 들어서는데 허우대가 멀쩡하고 이목구비는 뚜렷하다. 촛불 아래서 낙수 소리를 들으며 오화춘과 나그네는 주거니 받거니 술을 마셨다. 대개 기생집에 와서 술 마시는 남자는 자기 근본을 치켜세우며 호기를 부리게 마련인데 이 남자는 자신의 신상에 대해서는 말 한마디 하지 않고 어딘가 모르게 무엇에 쫓기는지 찬모가 안주를 들고 와도 경계의 눈빛이 역력하다.

그날 밤, 오화춘은 나그네를 잡았다. 둘은 궁합이 맞아 밤새도록 운우의 정을 나눴다. 새벽녘에 깜빡 잠이 들었는데 눈을 뜨니 해가 중천에 떠올랐다. 나그네는 낭패의 기색을 보이며 넉넉하게 술값을 치르고 나서 물었다.

"날이 어두워질 때까지 뒷방에 머물렀다가 갈 수 없겠소?"

오화춘은 웃으며 말했다.

"서방님이 원하시면 한평생이라도."

그날 밤 떠나려는 나그네를 오화춘은 또 잡아 앉히고 술상을 차렸다. 밤늦도록 술을 마시고 금침을 깐 후 오화춘은 진하게 육탄공세를 퍼부었다. 오화춘은 가쁜 숨을 몰아쉬며 발가벗은 그대로 나그네 품에 안겨 베갯머리송사로 물었다.

"서방님 도대체 무얼 하는 사람이며 어디로 가는 길입니까?"

나그네는 마침내 말이 새지 말 것을 신신당부한 끝에 자신은 역적모의하다 수배받고 있는 국사범이라는 걸 털어놓았다. 나그네가 잠든 사이 오화춘은 곧바로 사또에게 달려가 고발해버렸다.

꼼짝없이 붙잡힌 이 자는, 순순히 체포돼 가는 품이 만사를 체념한 것 같았다. 도중 호송군관에게 코 아래 진상을 잘해 행동은 비교적 자유로워, 마지막 작별인사나 하게 해달라고, 거쳐 가는 고을의 점찍어 놓았던 부잣집마다 저의 친척이라며 찾아들었다. 모두가 보니 군관에게 겹겹이 둘러싸여 끌려가는 중죄인인데, 물론 주인하고는 생면부지다. 영결하는 자리니 단둘이 만나게 해 달래 가지고는 부잣집 주인에게 협박한다.

"나는 국사범으로 이번에 가면 죽는 몸이야. 네놈을 연루자로 끌어넣을 테다."

가만있다가는 대단한 곤경을 치를 모양이라, 별도로 흥정이 오갔다.

"평양 아무에게로 몇천 냥 표를 써줄 터이니 제발 그러지 마시오."

이렇게 받아낸 여러 장의 돈표를 동지를 시켜 현금으로 받아 챙겼을 때쯤, 호송행렬은 평양에 닿았다.

감사가 잡아들여 보니, 이런 죽일 놈이 있나? 감사의 종질로 집안의 종손이다.

노름판에 쫓아다니고 이 과부 저 과부 꼬셔서 빌붙어 살고 부자 등쳐먹는 소문난 사기꾼으로, 역적이고 충신이고 국사에 끼어들 인물이 될 수 없는 녀석이다. 감사는 그놈이 사기를 친 줄 뻔히 알지만 잘못하면 집안의 치부가 드러날 것 같아 우선 옥에 가두어두고 국사범이 아니란 걸 밝힌 후 곤장 열대를 때려 내보냈다. 하여튼 스스로 국사범이 되어 잡혀가는 중죄인으로 꾸며서 한탕을 친 솜씨는 대단해 감사는 혀를 찼다. 사기당한 부자들은 아무도 고발해오지 않았다.

학질 고치기

　이초시의 사위 설주달은 과거에 일곱 번이나 낙방하고 나서 칠전팔기라 큰소리치더니, 또 미역국을 먹고 마침내 책더미를 아궁이 불더미 속에 처박고는 파락호 건달이 되었다.
　키가 팔 척에 허우대는 허여 멀끔한데다 말주변도 좋아 사람 모이는 곳이면 안 끼는 곳이 없다. 비록 과거에는 낙방했지만 모르는 것이 없어 별명이 만물박사다. 깊은 지식은 없이 수박 겉핥기로 영양가 없는 잡학에 밝아, 역사는 본 듯이 얘기하고 천문지리는 지관을 뺨치고 농사엔 농군보다 더 많이 알고, 관상·손금·사주팔자는 점쟁이 저리 가라 하고, 병에는 의원보다 더 아는 척했다.

설주달은 술 한 잔 걸치면 장인인 이초시한테 구박을 받으면서도 개울 건너 처갓집에 들른다. 자신은 관운이 없어 억지로 관직을 맡으면 액이 따라 화를 입는다며 현란한 입심으로 장모의 마음을 꽁꽁 묶어 놓아 아직도 백년손님이다.

요즘 부쩍 처갓집에 발길이 잦은 것은 장모한테 술 한 잔 얻어 마시려고 가는 것이 아니라 장모가 데려다 놓은 몸종에게 작업을 걸기 위해서다. 장모의 친정 쪽 종질이 되는 몸종 길례는 꽃다운 열일곱에 이목구비가 또렷한데다 엉덩이는 탄탄하게 갈라졌다.

어느 장날, '장인·장모는 장에 갔겠지.' 생각하며 개울 건너 처갓집에 갔다. 장인은 장에 가고 없었지만, 불행하게도 장모는 집에 있었다. 설주달은 땀을 뻘뻘 흘리며 우물물을 길어 오던 장모에게 다가가 인사를 했다.

"아니, 길례는 어디 두고 장모님께서 손수 물을 길어 오십니까?"

물동이를 내려놓은 장모가 크게 반색을 했다.

"자네 잘 왔네. 우리 길례 좀 살려 주게. 자네 학질 고치는 법을 아는가?"

건달 사위 머리에 번개처럼 스치는 게 있었다.

"잘 알지요."

설주달은 한숨을 푹 쉬더니

"그게 몹시 까다로운 병입니다. 몸을 치료하면서 달라붙은 불귀신과 한설귀신을 쫓아내야 합니다. 잘못하면 나도 죽어요. 목숨을 걸어야 합니다."

장모는 입을 벌린 채 할 말을 잃었다. 길례 방에 들어갔다가 온 설주달은 지필묵을 가져오라 해서 부적을 그리더니 병풍을 가져오라 해서 길례 주위로 둘러치고 방문을 꼭 잠근 후

"백 보 이내에 사람이 있으면 안 된다."

장모를 멀찌감치 몰아내고 미소를 흘리며 병풍 속으로 들어갔다.

길례의 저고리를 벗기고 치마를 내리고 장모가 길어 온 찬 우물물에 수건을 적셔 온몸을 닦아내고 앵두 같은 입술에 입을 맞추고 꽃봉오리가 오르듯이 봉긋한 유두를 빨다가 가뭇가뭇 돋아나는 숲을 헤쳤다.

비몽사몽 간에 열이 펄펄 끓다가 추워서 오들오들 떨던 길례가 깜짝 놀랐다. 홍두깨가 꽉 막혔던 옥문을 찢으며 돌진한 것이다. 한참 후 설주달은 땀범벅이 되어 나왔다. 학질은 놀라면 낫는다더니 이튿날 길례가 일어났다.

한 달쯤 지난 어느 날, 길례가 헐레벌떡 설주달을 찾아왔다. 길례를 따라 처가에 갔더니 안방에 병풍을 쳐 놓고 장모님이 끙끙 앓고 있고, 마루에서는 장인이 지필묵을 내놓고 먹을 갈고 있었다.

설주달은 도망쳤다.

"장모님 병은 장인만이 고칠 수 있는데…."

남의 속도 모르는 설주달의 마누라는 제 어미 학질을 안 고쳐 준다고 뒤돌아 앉아 눈물을 짰다.

소가 된 사람

   억쇠는 작년에 최첨지네 집 머슴살이를 하며 뼈 빠지게 일하고 나락 열섬을 받기로 한 새경을 반밖에 못 받았다.
   나머지 다섯 섬은 다음 해 추석에 주겠다는 약속을 받고 열 달을 기다렸다가 마침내 추석이 3일 지나서 최첨지를 찾아갔다. 안동소주 한 병을 사 들고 찾아간 억쇠에게 최첨지는 새경은 전부 다섯 섬이고 작년에 다섯 섬을 모두 주었으니 더 줄 게 없다고 딱 잡아떼며 안동소주 호

리병을 내던져 박살을 내버렸다.

눈물을 흩뿌리며 최첨지 집을 나서는 억쇠를 늙은 행랑아범이 데리고 주막으로 갔다. 주막에서도 억쇠는 섧게 섧게 울며

"그걸 받아 여동생 시집보내야 하는데…"

행랑아범도 목이 메어

"이 사람아. 우선 막걸리 한잔하게."

그때 옆자리에서 술을 마시던 낯선 털보가

"거… 내 일은 아니오만 듣자 하니 최첨진지 개첨진지 악인이구먼."

팔을 걷어붙이며 흥분했다. 주막에 탁발을 왔던 스님도 흐느끼는 억쇠 등을 두드렸다.

이튿날 이른 아침, 행랑아범이 최첨지를 깨웠다.

"나으리 빨리 나와 보십시오. 큰일 났습니다."

행랑아범을 따라 외양간에 간 최첨지는 깜짝 놀랐다. 소는 없어지고 웬 털북숭이 남정네가 벌거벗은 채 소고삐에 매여 자고 있는 것이다.

외양간에서 자고 있던 털보는 소란에 깨어나 눈을 크게 뜨고 자기 얼굴을 만지고 몸을 내려다보더니 환호성을 터뜨리며

"와— 마침내 내 모습으로 돌아왔네."

기쁜 것도 잠깐, 엎드려 어깨를 들썩이며 울기 시작했다. 한참 만에 고개를 쳐든 털보는 울먹이며

"어느 날 자고 나니 소가 되었지 뭡니까!"

그때

"나무아미타불 관세음보살. 똑똑똑…"

지나가던 스님이 들어와

"그대를 소로 만든 건 부처님이야. 소가 되기 전에 그대의 악업을 아는가?"

털보는 울면서

"온갖 나쁜 짓은 다 했지요. 장리쌀 놓아서 남의 논밭 빼앗고, 머슴 새경 떼먹고, 동냥 온 거지들 때려서 내쫓고, 수절과부 겁탈하고…"

최첨지는 가슴이 철렁 내려앉는다. 스님 왈,

"그대의 늙은 모친이 지극정성으로 불공을 드려 7년 만에 풀어준 걸세. 나무아미타불."

최첨지는 행랑아범에게 다가가

"억쇠는 어디 있어?"

"울면서 돌아갔습니다."

소사람 털보는 옷을 입혀 돌려보내고 스님도 떠나자 최첨지는 행랑아범을 불러 나락 다섯 섬보다 훨씬 많은 돈 보따리를 맡기며 억쇠에게 갖다 주라 일렀다.

고갯마루에서 기다리는 억쇠와 스님과 털보에게 달려간 행랑아범은

"억쇠야 이거 받고, 저 소도 네가 몰고 가야 한다."

"나는 웃음 참느라 혼났네."

털보의 말에 모두 웃어도 억쇠는 그저 눈물만 떨궜다.

최첨지는 장리쌀로 빼앗았던 땅을 모두 돌려주고 곳간을 열어 땟거리 없는 집에 쌀자루를 보내며 완전히 딴사람이 되었다.

육희(六喜)

  늙은 기생이 애비가 누군지도 모르는 딸아이 하나를 데리고 조그만 주막을 꾸려 가고 있었다.
  주막집 구석방엔 높다란 유건을 쓰고 수염을 길게 기른 자칭 도사가 점도 치고 사주팔자도 봐주며 장기 투숙하고 있었다. 차림새를 도사연하느라 나이가 들어 보이지만 실제로는 사십대 중반에 지나지 않는 건장한 남정네다.

가뭄에 콩 나듯이 띄엄띄엄 아낙네들이 점을 보러 오고 술에 취한 손님들이 즉흥적으로 사주팔자를 봐 그럭저럭 푼돈을 벌지만, 주막집 숙식비로 주모에게 돈 주는 법이 없다.

젊은 시절엔 꽤 이름난 기생으로 이 남자 저 남자 품에서 콧대 높게 놀았지만, 쉰이 넘자 서리 맞은 호박꽃이 되어 탁배기를 거르고 국밥을 마는 처량한 신세가 된 주모는 가끔씩 온몸에 벌레가 기듯 근지러운 밤이면 열일곱 딸아이가 잠든 후 몰래 구석방 도사에게로 간다. 복채로는 제 몸 간수하기도 힘든 도사는 눈 질끈 감고 늙은 주모를 몇 번 눌러 주고 숙식을 해결하는 것이다.

주모의 무남독녀 길례가 혼인날을 받아 놓았다. 주모가 혼수 준비하느라 나룻배를 타고 강 건너 저잣거리로 가고 나자 길례가 점심상을 간단하게 봐 도사 방문을 두드렸다.

이불을 포개 놓은 방구석에 반쯤 누워 있던 도사가

"길례야, 시집갈 준비는 다 했냐?" 묻자 "엄마가 하고 있잖아요"

길례가 퉁명스럽게 대답했다.

"그건 혼수 준비고 너는 첫날밤 교육을 제대로 받았느냐 이 말이다."

길례가 눈만 껌벅거리며

"그게 뭔데요?"

하자 도사가 들어오라는 손짓을 했다.

"네 어미는 그것도 가르쳐 주지 않았냐!"

도사가 정좌하고 강의를 시작했다.

"신부란 모름지기 신랑이 육희(六喜)를 얻도록 해야 하는 법! 여섯 가지 기쁨을 줘야 한다는 이 말이야. 첫째는 착(窄)으로, 옥문을 조여서 양물을 꽉 잡아야 하고, 둘째는 온(溫)으로, 옥문 안을 따뜻하게 하여 양물이 춥지 않게 해야 하고, 셋째는 요(凹), 옥문을 오물오물 움직여 양물이 자근자근 깨물리는 느낌을 받게 해야 하고, 넷째는 요본(搖本)이라, 엉덩이를 돌려 남근이 구석구석 찌르도록 해야 하고, 다섯째는 감창(甘唱)이라, 뜨거운 입김으로 숨넘어갈 듯 앓는 소리를 내어 신랑의 감흥을 높여 줘야 하고, 마지막으로 지필(遲畢)이라, 빨리 끝내지 않도록 조절을 해 줘야 하는 것이야."

귀를 쫑긋 세워 듣던 길례의 숨소리가 가빠졌다.

"자, 실습을 해 보자."

도사가 옷고름을 풀고 치마끈을 풀자 길례는 기다렸다는 듯이 몸을 맡겼다. 도사의 손가락이 길례의 옥문에 닿았을 때 그곳은 벌써 질척거렸다.

주모가 출타했다 하면 길례는 도사 방으로 달려가 육희 실습을 받았다.

시월 상달에 마침내 길례는 시집을 갔다. 그리고 첫날밤에 신랑은 도망갔다.

찬모의 눈물

이대감댁 하인·하녀들은 주인 내외를 하늘처럼 섬긴다. 주인의 인품이 훌륭해 잘못한 일이 있어도 눈감아 주거나 곱게 타일렀을 뿐 고함 한번 치지 않았다. 하인·하녀들이 짝지을 나이가 되면 이리저리 중매해서 혼인을 성사시켜 넓은 안마당에 차양막을 치고 번듯하게 혼례식을 올려 준다.

허나 이대감 내외가 가슴 아파하는 것이 하나 있었으니, 열두 살 때 이 집에 들어와 이십년이 넘게 부엌일을 하는 찬모를 서른셋이 되도록 시집을 못 보낸 것이다. 박박 얽은 곰보 자국 때문이다. 얌전하고 일 잘

하고 입 무거운 찬모는 얼굴 빼고선 모자람이 없는 색싯감이건만 장가 오겠다는 총각이 없었다.

독실한 불교신자인 안방마님이 9일 기도를 드리러 30리나 떨어진 유하사로 떠나던 날, 저녁나절부터 좌르륵좌르륵 퍼붓던 장맛비는 밤이 깊어지는데도 그칠 줄 몰랐다.

사랑방에 불이 켜져 있으면 찬모는 밤참을 챙겨 드려야 한다.

"나으리, 밤참 가져왔습니다."

"들어오너라."

찬모는 참외를 깎아 사랑방 문밖에 서 있다가 이대감의 말에 흠칫 놀랐다. 보통 땐 이대감이 "알았다." 하면 밤참을 내려놓고 돌아섰는데, 그날 밤은 들어오라는 명이 떨어진 것이다.

찬모가 조심스럽게 들어가 참외 쟁반을 놓자 이대감이 '후' 촛불을 꺼 버렸다. 슬며시 찬모의 허리를 끌어당기자 그녀는 저항하지 않고 부드럽게 이대감의 품에 안겼다. 옷고름을 풀고 치마끈을 풀고 고쟁이를 벗겨 보료 위에 눕힌 후 이대감도 훌훌 모시 적삼을 벗어 던졌다.

"아, 네 몸은 비단처럼 매끄럽구나."

이대감이 가쁜 숨을 쉬며 탄성을 흘리자 발가벗은 찬모는 이대감 품으로 파고들었다. 탱탱하게 솟아오른 젖가슴을 훑어내려 간 이대감의 오른손이 무성한 숲을 헤치자 벌써 옥문은 흥건히 젖어 있었다. 이대감의 단단한 양물이 천천히 옥문 속으로 들어가자 "아!" 찬모가 숫처녀임을 알리는 가느다란 비명을 질렀다. 이대감의 절구질에 가속도가 붙더니 마침내 큰 숨을 토하고 쓰러졌다. 옷을 입으며 찬모는 흐느껴 울었다.

"내가 못할 짓을 했구나."

이대감의 말이 떨어지기 전에 찬모가 말했다.

"나으리, 기뻐서 솟아나는 눈물입니다. 소녀는 이제 죽어도 여한이 없습니다. 제 절을 받으십시오."

어둠 속에서 찬모는 이대감에게 큰절을 하고 물러났다. 안방마님이 9일 기도를 간 사이 찬모와 이대감은 매일 밤 폭풍을 일으켰다.

안방마님이 돌아왔다. 며칠 후 찬모가 안방마님 앞에 꿇어앉았다.

"마님은 저를 친자식처럼 보듬어 주셨는데 저는 마님을 배신했습니다. 평생을 두고 속죄하겠습니다. 찬모를 구하는 대로 저는 떠나겠습니다."

안방마님이 빙긋 웃더니 찬모의 손을 잡았다. 안방마님이 자초지종을 털어놓았다. 사연은 이렇다. 어느 날 밤 이대감이 안방을 찾았다. 운우의 정을 나눈 후 안방마님이 말을 꺼냈다.

"대감 친구들은 하나같이 첩을 두는데 대감께서는 한눈 안 팔고 저만 찾으시어 고맙기 그지없습니다만, 저도 이제 사십대 중반입니다. 한평생 대감의 사랑을 듬뿍 받았으니 대감께서도 친구들처럼 젊은 시앗을 만드십시오."

"쓸데없는 소리!"

"대감…."

안방마님이 설득 설득해서 대감의 반승낙을 받고 일부러 9일 동안 집을 비웠던 것이다. 사연을 듣고 난 찬모는 안방마님의 치마에 엎어져 오래도록 울었다. 찬모는 고개 너머 뒷동네로 세간을 냈다. 이대감은 가끔씩 그 집에 들렀다. 이듬해 찬모는 달덩이 같은 아들을 낳았다.

까막눈

봉득이는 뼈대있는 집안에서 태어났으나 여섯 살 때 모친을 병으로 여의고 부친은 화병으로 드러누웠다.

어느 날 부친과 의형제를 맺은 최참봉이 강 건너 문병을 왔다. 두 사람은 최참봉의 딸과 봉득이를 나이가 차면 혼인시키기로 약조한 사이다.

"내가 죽거든 우리 봉득이를 자네가 좀 맡아주게."

두 사람은 손을 굳게 잡았다.

한 달이 지나 봉득이 아버지도 이승을 하직하고 봉득이는 최참봉네 집으로 들어가게 됐다. 선친의 의형제 최참봉은 여섯 살 봉득이의 거처를 행랑으로 정해줬다.

봉득이는 마당도 쓸고 잔심부름도 하며 밥값을 하다가 어느 날 최참봉에게 서당에 가서 글을 배우고 싶다고 청을 올리자 최참봉 왈

"글은 배워서 어디에 써먹을 게야! 너는 열여섯이 되면 내 사위가 돼 우리집 살림을 꾸려가야 해. 내가 아들이 있냐, 양자가 있냐. 네가 이 집 대주가 되는 거야."

최참봉은 어린 봉득이를 머슴처럼 부렸다.

봉득이도 최참봉의 약속을 믿고 뼈가 부서져라 일했다. 봉득이 조실부모하고 최참봉 집에 들어온 지 10년, 열여섯이 되어 최참봉 딸과 혼례를 올릴 바로 그 해가 됐다. 우수가 지난 어느 날, 최참봉은 봉득이에게 심부름을 시켰다.

"너, 수리재에 다녀와야겠다."

봉득은 놀랐다.

"수리재라면 산적이 들끓는…."

"겁낼 것 없다. 이 서찰과 물건을 가지고 수리재 꼭대기에 가면 사람이 기다릴 것이다. 부지런히 걸으면 내일쯤 그곳에 당도할 수 있을 게야."

봉득이는 서찰을 품에 넣고 겹겹이 싼 길고 묵직한 물건을 들고 걸음을 재촉했다.

저녁나절 찬비를 맞고 오들오들 떨며 주막에 들어갔다. 뜨끈뜨끈한 구들방에 들어가 가장 먼저 젖은 서찰을 곱게 펴서 말렸다. 한방에 유

숙할 노스님이 힐끗 서찰을 보더니 깜짝 놀랐다.

"젊은이, 까막눈인가?"

"왜 남의 편지를 훔쳐보고 그래요!"

봉득이 눈을 흘기자 노스님은 목탁으로 봉득이 등짝을 후려치며

"이놈아, 이 편지를 내가 읽어볼 테니 어디 한번 들어나 봐라. 오장수님, 명장이 빚은 명검을 올립니다. 이 명검의 칼날이 얼마나 예리한지 이걸 가지고 간 녀석의 목을 쳐서 시험해주시기 바랍니다."

오장수는 수리재 산적 두목으로 최참봉은 매년 그에게 공물을 바쳐 화를 면해왔다.

이튿날 아침, 봉득이는 스님을 따라 첩첩산골 암자로 들어갔다.

최참봉에 대한 원한보다는 자신을 죽이려는 글 한 줄 몰랐다는 게 한스러워 죽기 살기로 공부해 5년 만에 과거에 급제해 암행어사가 됐다.

봄비가 추적추적 오는 어느 날 밤, 새파란 셋째 첩을 끼고 누운 최참봉 방문이 스르르 열리고 암행어사가 장검을 들고 나타났다.

"보, 보, 봉득이!" 하며 놀란 최참봉에게 봉득이는 낮은 목소리로 말했다.

"칼날이 아직도 무디어지지 않았는지 시험해봐야겠습니다."

움켜 쥔 단추

　강원도 정선 땅 첩첩산중 담비골에 단 두 집이, 윗집엔 심마니 내외가 아랫집엔 사냥꾼 내외가 살았다. 그들은 친형제처럼 내 것 네 것이 없었다.
　어느 깊은 가을날 산삼을 캐러 간 심마니가 밤이 늦도록 돌아오지 않아 심마니 부인은 쪽마루에 걸터앉아 남편 오기만을 기다리는데 아랫집 사냥꾼이 올라와 한다는 말씀이

"형수님, 우리 집사람 여기 안 왔습니까?"

심마니와 사냥꾼 마누라가 눈이 맞아 도망쳐버린 것이다. 심마니 부인은 식음을 전폐하고 드러 누워버렸는데 연놈들을 찾으러 간다며 대처로 나갔다가 3일 만에 헛걸음을 치고 돌아온 사냥꾼이

"형수님, 이러시면 안 됩니다. 일어나 이것 좀 드세요."

하고 음식을 권했다.

아랫집에서는 생홀아비가 윗집에서는 생과부가 분노와 한숨으로 살아가다가 눈이 펄펄 오던 어느 겨울날 밤, 사냥꾼이 술 냄새를 풍기며 윗집 생과부 방으로 들어가자 그녀도 기다렸다는 듯이 품에 안겨 광란의 밤을 보냈다.

자연스럽게 두 사람은 가시버시가 되어 새살림을 차렸다. 사냥꾼은 심마니 부인을 형수님이라 부르는 대신 여보라 불렀고 그녀도 자연스럽게 사냥꾼을 서방님이라 불렀다. 사냥꾼은 하룻밤도 거르지 않고 심마니 부인의 고쟁이를 벗겼고 그녀는 새로운 밤 풀이에 심신이 들떴다. 지난가을의 분노와 한숨은 까마득히 잊어버리고 새 삶이 너무 짜릿해 웃음꽃이 질 날이 없었다.

꽃피고 새 우는 화사한 봄날이 찾아왔다. 산나물을 뜯으러 산속으로 들어간 사냥꾼 새 마누라는 사냥꾼이 좋아하는 곰취를 뜯으러 점점 깊이 들어가다 깜짝 놀라 걸음을 멈췄다. 바위 사이 풀 속에 처박힌 시체, 그것은 사냥꾼 부인과 도망쳤다던 남편 심마니였다.

움켜쥔 오른손을 펴자 단추 하나가 나왔다. 그녀는 단추를 들고 허겁지겁 집으로 돌아왔다. 가을에 입던 사냥꾼의 조끼를 꺼내자 단추

하나가 떨어졌고 나머지 단추와 그녀가 갖고 온 단추는 같은 모양새였다.

사냥꾼이 방으로 따라 들어와 방바닥에 엎드려 울면서

"용서해 주시오. 당신을 처음 본 순간부터 나는 미칠 것만 같았소. 으흐흐흑."

망연자실 천장만 바라보던 부인이 조끼와 단추를 들고 나가더니 부엌 아궁이 불 속에 던져버리고 방으로 들어와 배시시 웃으며

"나도 서방님 품에 안기는 꿈을 수없이 꾸었습니다."

사냥꾼이 감격하여 그녀를 안았다. 운우가 지나고 땀을 훔치지도 않고 속치마만 걸친 채 그녀는 부엌에서 술상을 차려왔다. 사냥꾼이 하초만 가린 채 벌컥벌컥 술잔을 단숨에 비우고, 그리고 초점 잃은 눈을 크게 뜨더니 피를 토하며 꼬꾸라졌다.

지아비를 죽인 원수를 갚았다. 이튿날 산속으로 들어간 그녀는 억울하게 죽은 심마니 시체를 수습하여 땅에 묻고 술을 따라 제를 올렸다. 사냥꾼의 시신도 수습해서 양지바른 곳에 묻고 술을 따랐다. 지아비를 죽인 원수지만 그 또한 다섯 달 동안 살을 섞은 지아비가 아닌가. 거름더미 속에 파묻혀 있던 사냥꾼 부인의 시체도 찾아내 땅에 묻었다. 그날 밤, 담비골 두 집엔 시뻘건 불길이 치솟아 오르고 그녀는 어디론가 종적을 감췄다.

그때 그날 밤

 열여덟 살 백면서생 이운봉이 단봇짐 하나 달랑 메고 문경새재 넘고 탄금대를 지나 주막집에서 새우잠 자며 걸어 걸어 한양에 다다라 당주동 구석진 여관에 문간방 하나를 잡았다. 과거가 한 달이나 남았지만, 한양 공기도 쐬고 과거 흐름도 잡을 겸 일찍 올라온 것이다. 허나 주머니 사정이 신통치 않아 한 달 동안 먹고 잘 일을 생각하면 앞이 캄캄하다.
 자신이 행랑아범 노릇을 하겠다며 좁은 문간방 값을 깎고 또 깎아 다른 방의 반값에 눌어붙었다. 밤 늦게 외출했던 손님이 돌아올 때면

얼른 나가 대문을 열어 주고 아침엔 일찍 일어나 마당도 쓸었다. 밥때가 되면 여관 밥은 비싸서 못 사 먹고 밖에 나가 선술집 국밥을 사 먹기도 하지만, 때 거르기를 밥 먹듯이 했다. 산적처럼 생겨 먹은 여관주인은 운봉이를 제 집 하인 다루듯 함부로 심부름을 시키고 툭하면 욕을 퍼부어 댔다.

안주인은 달랐다. 바깥주인 몰래 누룽지도 갖다 주고 삶은 감자도 갖다 주며 인정을 베풀어 어떤 땐 가슴이 뭉클해지기도 했다.

장맛비가 주룩주룩 내리던 밤, 안주인은 닭죽에 호리병 가득 탁배기까지 챙긴 소반을 들고 운봉이 방에 들어왔다. 바깥주인한테 들킬세라 운봉이 눈을 크게 뜨자 눈치 빠른 안주인은 "걱정하지 마. 그 화상은 노름판에 갔으니 내일 들어올지, 모레 들어올지 몰라."

아니어도 배고프던 참에 소반을 차고앉은 운봉이 마파람에 게 눈 감추듯 닭죽을 비우고 나자 안주인이 콸콸콸 탁배기 한잔을 따라 준다. 탁배기도 단숨에 들이켜고 나자 안주인이

"나도 한잔 따라 줘."

운봉이 따라 준 술잔을 서슴없이 비우고 난 안주인은 한숨을 푹 쉬더니 신세타령을 늘어놓았다.

"여관에서 모은 푼돈이 좀 쌓였다 하면 이 화상은 노름판에 몽땅 처박아 버리고 화난다고 몇 날 며칠 술독에 빠져 살고…. 아이고 아이고, 내 팔자야."

어느덧 호리병 탁배기가 바닥나자 안주인은 부엌에서 또 한 병을 들고 왔다. 마당을 가로지르며 장대비를 맞아 홑적삼이 몸에 짝 달라붙

어 40대 초반의 흐드러진 육덕이 그대로 드러났다. 운봉의 양물이 홑바지를 뚫을 듯이 솟아오른 걸, 적삼을 벗으며 안주인이 뚫어지게 보더니 덥석 움켜쥐었다.

밖엔 장맛비, 방안엔 천둥과 번개 소나기. 소나기 한줄기가 뿌리고 나자 옷매무새를 고치며 안주인이

"운봉이는 이번에 알성급제하고 나중에 감사에 오를 게야."

운봉은 웃으며 지필묵을 꺼내 스스슥 글을 써 줬다. 안주인은 그걸 들고 호호호 한바탕 웃었다.

20년의 세월이 흘렀다. 평양 감영에 웬 노파가 찾아와 평양감사의 이모라며 감사를 만나겠다고 떼를 썼다. 평양감사가

"나는 이모가 없는데…" 하며 노파를 만났더니, 바로 그 옛날 당주동 여관의 안주인이 아닌가!

"그날 밤에 써 주었던 종이를 기름 먹여 이렇게 보관하고 있었습니다. 감사 어른."

그때 장난으로 써 준 종이엔 이런 글귀가 적혀 있었다.

'감사가 되면 천 냥으로 이 은혜를 갚으리다. 이운봉.'

감사 덕택에 평양 구경까지 잘하고 보름 만에 한양 집으로 돌아온 그녀가 천 냥 보따리를 풀자 중풍에 걸려 누워 있던 남편이 눈이 휘둥그레져 사연을 물었다. 노파는 이제 반신불수가 된 영감이 겁나지 않아 그때 그날 밤일을 자세히 얘기해 줬다. 그러자 영감이 버럭 화를 내며 하는 말 좀 보소.

"이 바보 천치 같은 여편네! 기왕 주는 거 한 번 더 줬으면 이천 냥을 받았을 건데!"

금주발 뚜껑

당대의 권세가 김대감 집엔 아첨꾼들이 들락거린다.

온갖 뇌물을 다 받아 챙겼지만 요 근래 받은 것 중의 으뜸은 안성 사또가 가지고 온 방짜 금주발이다.

김대감 밥상에 방짜 금주발이 오르면 온방이 금빛으로 휘황찬란해지는 것이다.

"요즘 왜 이리 밥맛이 당겨지는지 모르겠소."

안방마님이 생긋이 웃으며

"대감, 금주발이 밥에 기를 불어넣는 것 같습니다."

어느 날 아침 김대감 집안이 발칵 뒤집혀졌다. 금주발 뚜껑이 없어진 것이다.

대감이 아침상에 수저도 안대고

"주리를 틀어서라도 찾아내시오."

고함치며 집을 나서자 안방마님은 우선 찬모 둘을 묶어서 꿇어 앉혀놓고 자백을 종용했지만 소용이 없었다.

싸리 회초리로 등줄기를 패자 피가 흘렀지만 두 찬모는 한사코 결백을 주장했다.

집안의 하인들, 머슴들 침모, 행랑아범 모두 모아놓고 안방마님이 으름장을 놓았지만 금주발 뚜껑 훔쳐갔다고 나서는 사람이 없었다. 안방마님은 몸종을 시켜 먹골 사는 신무당을 불러오도록 했다. 새빨간 치맛자락을 날리며 신무당이 왔다.

안방마님으로부터 자초지종을 듣고 난 신무당은 눈을 가늘게 뜨고 베시시 웃더니

"이건 굿판을 벌일 필요도 없어."

안방마님의 얼굴이 환하게 펴졌다.

"장닭 한 마리와 송곳을 갖고 와."

안마당에 이 집 사람들 모두 모아놓고 봉당에 올라선 신무당이 왼손엔 장닭의 모가지를 움켜쥐고 오른손엔 송곳을 쥔 채 찢어지는 쇳소리로

"지금도 늦지 않았어. 금주발을 훔쳐간 사람은 빨리 나와. 이 장닭의 눈을 찌르면 금주발 뚜껑을 훔친 사람은 장님이 될꺼야! 빨리 나오지 못해!"

적막이 흘렀다.

"찔러!"

독기를 품은 안방마님이 소리쳤다.

"퀙!"

송곳에 눈을 찔린 장닭이 선혈을 뿌리며 퀙퀙 날개를 퍼득이자 신무당의 얼굴도 닭피범벅이 되었다. 피를 쏟던 장닭이 마침내 두 다리를 축 늘어뜨리며 조용해지자 안방마님과 신무당은 안마당을 내려다봤다. 장님이 된 사람이 아무도 없었다. 침 삼키는 소리뿐이다.

그때, 서당훈장님과 학동들이 대문 안으로 들어오는데 나이 먹은 학동에게 업혀서 들어오는 학동은 바로 늦게 본 김대감의 외동아들이다.

"엄마 앞이 안 보여."

안방마님은 장님이 된 외동아들을 잡고 통곡하며 이게 어찌 된 일이냐고 묻자 훈장 왈

"조금 전에 글을 읽다가 갑자기 퀙 소리를 지르며 눈을 감싸 안지 뭡니까."

전날 밤, 익어가던 청주의 달콤한 냄새에 이끌려 부엌에 들어간 도련님이 술독을 열고 손에 잡히는 금주발 뚜껑으로 익어가는 술을 퍼마시다 인기척에 놀라 그 금주발 뚜껑을 술독에 빠뜨렸던 것이다.

그 와중에 김대감 집을 빠져나간 신무당.

"그러면 그렇지! 내 영험이 빗나갈 턱이 있나!"

대밭골

　대밭골엔 딱 두 집이 살고 있다. 윗집인 단아한 기와집엔 이초시가 살고 아랫집 초가삼간은 부채다 대바구니다 죽부인을 만들어 장에 내다 파는 대근이네 집이다. 얌전한 양반 선비 이초시와 우락부락한 상것 대근이는 서로 어울릴 턱이 없지만, 부인네 둘은 가까운 사이다. 삼십대 초반의 대근이 마누라는 이초시 부인보다 두 살 아래인 데다 서로 가문이 달라 마님이라 부르며 깍듯이 대한다.
　이초시 부인은 부잣집 맏며느리 같은 우아하고 덕스러운 자태에 언제나 은은한 미소를 띠며 입이 무거워 말을 아낀다. 얼굴이 제법 곱상한 대근이 마누라는 수다쟁이다.

"마님, 제 얘기 한번 들어 보세요. 글쎄, 쌍놈 아니랄까 봐 툭하면 입에 담지 못할 욕지거리를 퍼붓고 이렇게 사람을 개 잡듯 두드려 팹니다. 방물장수한테 대바구니 한 두름 주고 박가분 한 통 샀다고 그 지랄을 떨지 뭡니까."

멍든 눈에 달걀을 문지르며

"아이고 내 팔자야. 그 짐승하고는 못 살겠어요"

하자, 이초시 부인은 바느질하며 빙긋이 웃기만 한다. 대근이 마누라가 이초시 부인을 붙잡고 늘어놓는 수다의 팔, 구 할은 제 남편 흉보는 일이다.

대근이 마누라는 이초시가 도포 자락을 펄럭이며 걸어가는 걸 먼발치에서 보며 너무나 멋진, 너무나 양반티 나는 모습에 반해 찔끔 가랑이를 조이며 혼잣말을 한다.

"하루를 살더라도 저런 남자와 살아야 하는데…."

어느 날, 대근이가 부채와 죽부인을 가득 지고 외장을 나가며 마누라에게 "서너 군데 장을 돌다 사나흘 후에 돌아올 것이여. 문단속 잘하고 있어" 하며 새벽같이 집을 나섰다.

이튿날 점심나절, 윗집의 이초시 부인이 내려왔다.

"마님, 어쩐 일이세요?"

"친정어머니가 편찮으시다는 전갈을 받고 친정 가는 길이네. 수고스럽지만 자네 남편 저녁상 차려 준 후에 우리 집에 올라가 우리 남편 저녁상도 좀 차려 주게나."

"마님, 걱정 마세요. 마침 우리 신랑은 외장을 나가 사나흘 후에나 옵니다. 초시어른 세끼 식사는 제가 차려 드릴 테니 얼른 친정에나 다녀오세요."

저녁나절, 대근이 마누라는 자기 집 씨암탉 한 마리를 잡아 이초시 집으로 갔다. 대근이 돌아와 물으면 족제비가 물어 갔다고 둘러댈 참이다. 이초시는 푸짐한 저녁상을 받고는 적이 놀랐다. 더 놀란 것은 저녁상을 물리고 나자 대근이 마누라가 분내음을 풍기며 술상을 들고 온 것이다. 마주 앉아 술을 따르는데 과히 싫지는 않다.

밤은 깊어 가고 소쩍새는 우는데 적막강산 대밭골엔 단 두 사람뿐. 술상을 치우고 이부자리를 펴 주고 술 취한 이초시가 쓰러지자 대근이 마누라는 촛불을 끄고 치마끈을 풀었다.

"에게게."

대근이 마누라는 한숨을 토했다. 가느다란 두 다리 사이에 열 살 아이 자지만한 걸 억지로 세워 놓았더니 서너 번 깝작깝작하고는 나뒹굴어 져 코를 고는 게 아닌가. 그 잘난 이초시라는 사람이….

"그나저나 마님한테 큰 죄를 지었네."

중얼거리며 옷을 추슬러 입고 집으로 내려온 대근이 마누라는 그만 남편이 그리워진다.

"내 신랑이 으뜸이야. 마님이 불쌍하네. 그런 사람을 신랑이라고 데리고 사니. 쯧쯧쯔."

그 시간, 대근이는 삼십 리 떨어진 청풍장터의 객줏집 구석진 방에서 술상을 치우고 뒤꼍 우물가에서 멱을 감고 와 벽에 기대어 담배를 물고 있었다. 똑똑똑 문 두드리는 소리가 나더니 장옷으로 얼굴을 가린 여인이 들어왔다.

바로 이초시 부인이었다.

까막눈 뱃사공

 꽃피고 새 우는 어느 봄날 해거름, 운포나루 뱃사공 고씨가 허달스님을 강 건네주려고 닻을 올리는데 때마침 기생들을 데리고 천렵을 갔던 고을 세도가 자제들이 술에 취해 노래를 부르며 나루터로 몰려왔다.
 사또 아들, 천석꾼 오첨지 아들, 관찰사 조카가 기생을 하나씩 끼고 꼴사납게 치마 밑으로 손을 넣으며 키득거리고 다가와
 "친구가 아직 안 왔으니 배 띄우지 말고 기다려!" 라며 큰소리를 쳤다.

패거리 중 하나가 어지간히 급했는지 기생을 끼고 솔밭으로 들어간 것이었다.

"스님이 강을 건너야 하는데 지체했다간 날이 어두워집니다. 스님을 먼저 건네 드리고 오겠습니요."

늙은 뱃사공이 사정해도 그들은 막무가내다.

"지금쯤 옥문을 닦으며 치마를 추스르고 있을 게야. 기다려!"

사또 아들은 뱃사공을 부르더니 땅바닥에 '내 천(川)' 자를 쓰고는

"이게 무슨 글자인지 아는가?"

하고 물었다. 눈만 끔벅거리며 뱃사공이

"모르겠습니요."

하자 웃음보가 터졌다. 사또 아들은 오십 줄에 접어든 뱃사공을 부뚜막에 올라간 강아지 때리듯 막대기로 때리며

"하루에 수십 번 내를 건너며 내 천 자도 모르다니. 아는 것이라곤 낮에 배 타고 밤이면 마누라 배 타는 것뿐이지!"

그 말에 또 웃음이 터졌다.

보다 못한 스님의 대갈일성.

"젊은이들이 언행이 거칠구먼!"

하지만 오첨지 아들은

"공산에 달이 뜨니 개 짖는 소리 요란하도다."

라며 도리어 스님을 비꼬았고, 기생들까지 배꼽을 잡고 웃었다. 스님은 벌겋게 달아올랐지만 참는 수밖에 도리가 없었다.

기생을 끼고 솔밭으로 들어갔던 황부잣집 아들이 돌아오자 모두

배에 올랐다. 스님이 오르려는데 노를 잡고 밀어서 스님은 엉덩방아를 찧었고 배는 떠나버렸다. 또 웃음이 터졌다. 배 위에서는 춤판이 벌어졌다.

"안됩니다. 배가 뒤집힐 수도 있습니다요."

"당신이 노로 균형을 잡아!"

그들은 막무가내였다. 기어코 강 한가운데서 배가 뒤집어졌다. 며칠 전 큰 봄비로 강물이 불어 강 한가운데는 아수라장이 됐다. 뱃사공이 헤엄을 치다가 뒤를 돌아보며 말했다.

"선비님들 헤엄 못 치시오?"

"못 쳐, 못 쳐, 어푸~어푸!"

"내를 건널 땐 내 천 자는 몰라도 헤엄은 칠 줄 알아야지요."

뱃사공은 유유히 헤엄쳐 나루터로 돌아왔다.

그날 밤 혈혈단신 뱃사공 고씨가 살던 나루터의 초가삼간이 불길에 휩싸였다. 아우성을 집어삼킨 강물은 말없이 칠흑 같은 어둠 속으로 흘러갔다. 스님과 뱃사공 고씨는 흔적도 없이 사라졌다.

젊은 도둑님

 깊은 밤에 자하문 고갯마루에서 순라군들이 도둑을 잡았다. 도둑을 포박하여 초소에 데려가 주머니를 털었더니 품속에서 옥노리개가 달린 은장도가 나왔다.
 "어디서 훔쳤느냐?"
 묵묵부답이던 도둑이 말했다.
 "훔치지 않았소."
 "그럼 어떻게 이걸 손에 넣었는가?"

육모방망이로 도둑의 배를 찌르며 순라군이 물었지만, 도둑은 더 이상 아무 대답도 하지 않았다. 순라조장이 관솔불 옆에 가서 은장도를 자세히 들여다보다가 깜짝 놀랐다. 은장도 자루에 '정절부인 김관욱 처'라는 글귀가 선명하게 음각되어 있는 것이 아닌가.

김관욱이라면 평안감사로 가 있는 김대감이다. 아니어도 용머리 장식한 은장도에, 노리개도 보통 옥이 아닌 녹옥이라 범상치 않다 했더니 팔판동 김대감 부인의 패물이라 순라조장이 소리쳤다.

"이 도둑은 우리가 처리할 사안이 아니다. 의금부로 넘겨라."

이튿날 날이 밝자 팔판동 김대감 댁에 포졸들이 포승줄로 묶은 도둑을 데리고 왔다.

"무슨 일이냐?"

대청마루 끝에 선 안방마님이 안마당에 늘어선 포졸들을 내려다보며 위엄 서린 목소리로 물었다.

"지난밤 자하문 고갯마루에서 도둑을 잡고 보니 그의 품속에서 마님의 은장도가 나왔습니다."

마님이 갑자기 노기 띤 목소리로 말했다.

"그는 도둑이 아니다. 어서 포박을 풀럇다! 엇저녁 나들이 갔다가 잃어버려서 아니어도 맘 상해 있었는데 이렇게 찾아 주니 무척 고맙구나."

포박에서 풀려난 도둑은 뜻하지 않게 변한 상황에 어안이 벙벙해졌다.

"너희들은 물러나거라. 이 젊은이에게는 보답해 줘야겠다."

포졸들이 모두 물러나자 도둑은 대청으로 올라가 마님에게 큰절을 올렸다.

"마님, 이 은혜를 무엇으로 갚을지 모르겠습니다."

마님은 두둑한 전대를 도둑에게 건네줬다. 마님과 도둑은 동시에 지난밤 일을 떠올렸다.

지난밤 삼경에 도둑은 김대감 댁 안방에 잠입했다. 비단 속옷만 걸친 채 자고 있는 안방마님의 희멀건 허벅지가 들창으로 스며든 그믐달빛에 아스라이 비치자, 이 젊은 도둑은 그만 물건 훔칠 생각은 잊은 채 허벅지를 쓰다듬었다.

"누구냐!"

벌떡 일어나는 마님을 밀치고 도둑이 고쟁이를 벗겼다. 도둑은 마님이 빼어 든 은장도도 가볍게 빼앗았다. 젊은 도둑의 한 손이 마님의 두 손을 꽉 잡고 도둑의 무릎이 마님의 발버둥치는 다리를 벌렸다.

도둑의 대물이 꽉 닫혔던 마님의 옥문 속으로 물크덩 들어가자 '학' 외마디 소리를 지르더니 도둑의 절구질에 마님은 자기도 모르게 두 팔로 도둑의 목을 껴안았다. 스물이 갓 넘은 힘센 도둑이 마흔두 살 마님을 꾹꾹 누르자 마님의 가쁜 숨은 문풍지를 흔들고 등줄기의 땀은 요를 적셨다.

첩을 데리고 평양 가더니 거기서 또 동기 머리를 올려 준 김대감과 합환을 해 본 지 7년이 넘었다. 허우대가 멀쩡한 도둑은 그 후, 보름에 한 번씩 밤은 깊어 삼경일 제 김대감 댁에 월담해서 안방으로 스며들었다.

싸움의 기술

약재상 두 곳이 길을 사이에 두고 마주 보고 있다. 유가네 약재상엔 문지방이 닳을 정도로 손님들이 드나드는 데, 맞은편 최가네 약재상엔 파리만 날린다. 최가는 부글부글 끓는 속을 달래려고 시동에게 가게를 맡겨놓고 주막으로 갔다. 탁배기 한 사발을 마시고는 구들장이 꺼지라 한숨을 쉰다.

주모가 흘끔 보더니
"무슨 걱정이 있소?"

물었다. 최가는 대답도 않고 우거지상으로 벌컥벌컥 석 잔이나 마시더니

"우라질 놈들이 왜 유가네 가게에만 가는 거여?"

최가를 화나게 하는 건 유가네가 가격을 후하게 쳐주는 것도 아니라는 사실이다.

약재상이란 약초꾼들로부터 온갖 약재를 사서 이문을 남기고 한의원에게 파는 장사다. 최가는 수시로 유가가 약재를 사고파는 값을 알아내어 언제나 유가네보다 후한 가격을 쳐주는 데도 약초꾼이나 한의원 놈들은 모두 유가네로만 몰렸다.

"나는 그 이유를 알지."

주모가 혼잣말로 던지는 소리에 최가는 탁배기 잔을 들다 말고 눈이 휘둥그레졌다.

"그게 뭣이여?"

주모가 들은 체도 않자

"내가 친절하지 않아서?"

주모가 또 대답이 없자

"유가 놈이 그들에게 술대접을 더 잘해주나?"

최가의 다그침에 주모가 하던 일을 멈추고 돌아서며 한마디 던졌다.

"말싸움에도 기술이 있는 법이여!"

"말싸움 기술? 그게 뭐여?"

사실 약재상이란 싸움이 끊일 날이 없게 마련이다. 약초꾼들과는 약초가 덜 말랐네, 속이 썩었네, 웃자란 거네 하며 멱살잡이를 하고, 한의원과는 좋은 약초를 볼 줄 모르네, 값을 심하게 후려치네 하며 삿대

질까지 하는 게 다반사다. 유가도 싸우고 최가도 싸운다. 주모는 두 약재상의 싸움 행태를 들어 설명했다.

"네놈 집에 다시 오나 봐라."

약초꾼이 고함치면 유가는

"개똥이나 밟고 넘어져 코나 깨져라"

라며 싸우는데, 보름도 못 가 그들은 함께 웃으며 주막을 찾아온다. 주모가 "싸운 지 며칠 되었다고 벌써 낄낄 대냐?"

며 핀잔을 주면 약초꾼은 유가에게 술을 따르며

"내가 미쳤지. 네 가게에 또 오게" 하고 웃고, 유가는

"개똥은 안 밟았구나. 코가 성한 걸 보니" 하며 술잔을 부딪친다는 것이었다. 그러나 최가는 약초꾼과 싸울 때는

"네놈이 그렇게 악질이니 네놈 손자가 곱사등이 됐지" 하고, 한의원과 싸울 때는 "네놈이 무슨 병 고치는 의원이여? 여편네 황천 보내놓고!" 하며 상대방의 신경을 긁었다. 유가는 싸워도 화해가 되지만 최가와는 싸우고 나면 평생 원수가 됐다.

주모의 대갈일성.

"아무리 화가 치밀어도 상대방의 가장 아픈 곳은 찌르지 않는 법이여."

최가는 하늘을 쳐다보고 한숨을 토했다.

탁란(托卵)

 서른이 갓 넘은 다산댁은 벌써 아들을 일곱이나 뒀다. 언제나 막내 젖을 떼자마자 또 배가 불러올라 열 달이면 어김없이 가을무 뽑듯이 아들을 낳았다. 어느 날, 나이 지긋한 할미가 찾아와 다산댁을 놀라게 했다.
 "욱천의 허진사는 만석꾼 부자이지만 대를 이을 자식이 없어 씨받

이를 찾고 있네."

욱천이라면 사십 리 떨어진 고을이다. 그 매파는 다산댁의 눈치를 살피며 조심스레 말을 이어갔다.

"애도 못 낳는 허진사 부인은 세도가 친정을 믿고 어찌나 기가 센지 허진사를 한 눈 팔지 못하도록 해 놓고 씨받이를 찾고 있네. 그 임무를 내가 맡았지만, 조건이 얼마나 까다로운지 60리 안의 온 동네를 석 달이나 쏘다녀 봐도 헛걸음만 했는데, 강 건넛마을에서 다산댁 얘기를 듣고 이렇게 찾아왔네."

다산댁이 펄쩍 뛰었지만 허진사의 아들을 낳아 주면 그 보상이 논 다섯 마지기라는 말에 또 한번 놀라 딱 부러지게 거절을 못 했다. 보릿고개엔 초근목피로 목숨을 이어가는 찢어지게 가난한 다산댁네에게 논 다섯 마지기는 눈이 뒤집히는 엄청난 재물이다.

매파 할미가 나루터 주막에 하룻밤 자기로 하고, 저녁나절 화전 밭 떼기에서 콩을 뽑던 박서방이 집으로 돌아오자 다산댁은 베갯머리송사로 그 얘기를 털어놓았다. 세상에 둘도 없이 착한 박서방이 막걸리를 벌컥벌컥 들이켜더니

"아이들 서당에나 보냈으면 한이 없겠네" 하며 닭똥 같은 눈물을 떨어뜨렸다. 이튿날 다산댁이 보따리 하나 옆구리에 차고 매파 할미를 따라갈 제 가는 사람이나 남아 있는 식구들이나 눈물바다가 되었다.

욱천마을에 가서 허진사 안방마님에게 인사를 올리고 다산댁은 후원 별당에 보따리를 풀었다. 매파 할미가 감시자로 한방에서 거처하게 되었다. 한 달 동안 허진사는 코빼기도 보이지 않더니 어느 날, 안방에

불려갔던 매파가 돌아와 다산댁을 목욕시켰다.

날이 저물자 매파는 별당에 간단한 술상을 차려 놓고 자리를 피했다. 도포 자락을 잡고

"어흠어흠"

헛기침을 하며 허진사가 들어왔다. 부끄러워 얼굴도 들지 못한 채 다산댁이 촛불을 껐다. 부스럭부스럭 옷 벗는 소리가 요란하더니 다산댁의 옷고름을 풀었다.

'에게게.'

다산댁은 속으로 한숨을 토했다. 가냘픈 몸매에 허벅지는 남편 박서방의 팔보다 가늘었다. 허진사가 다산댁 손을 끌어당겨 다산댁이 허진사의 하초를 잡자 아이 자지만 한 게 그것조차 서지도 않았다. 조몰락조몰락 억지로 세워 놓았더니 올라와 토끼처럼 깝작대고는 나가떨어졌다.

닷새 도리로 허진사가 다녀갔다. 한 달이 넘게 매파 할미와 한방에서 살다 보니 정이 들어 다산댁은 이모라 부르며 서로 온갖 얘기를 주고받았다. 다산댁이 허진사의 이불 속 얘기까지 털어놓자

"그럴 줄 알았어. 문제는 허진사야."

한숨을 길게 토하던 할미가

"아들을 못 낳아 주면 자네는 논 다섯 마지기를 못 받고 나는 논 한 마지기를 못 받게 되네."

이틀 후, 가을비가 추적추적 내리는 깊은 밤에 별당 문이 살짝 열리고 어깨가 떡 벌어진 남자가 스며들었다. 다산댁과 그 남자는 어찌나

거세게 운우의 정을 나누는지 다락에 쪼그리고 앉은 매파 할미도 후끈 달아올랐다.

열 달 후, 다산댁은 아들을 낳았다. 7년 후 허진사의 아들이 서당에서 나올 때 먼발치서 한 여인이 유심히 그를 보고 표표히 사라지며 중얼거렸다.

"박서방을 빼닮았어."

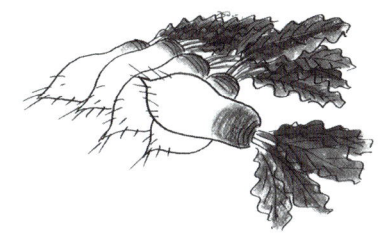

홍어

　사랑방 처마 끝에 매달린 잘 삭은 홍어가 봄바람에 까닥까닥 마르자 천석꾼 부자 최진사는 술 한 잔 마실 때마다 홍어를 조금씩 찢어서 초장에 찍어 먹었다.
　찬모 언년이는 술상이나 밥상을 들고 사랑방을 들락거릴 때마다 홍어를 바라보며 침을 삼켰다.
　어느 날 온 집안 식구들이 집을 비운 사이 언년이는 방석만한 홍어를 표나지 않게 조금 찢어서 자기 방으로 가져가 초장에 찍어 먹고는 그 묘한 감칠맛에 정신이 혼미해졌다.

최진사가 홍어를 뜯어먹고 나면 언년이가 뜯어낸 자리에서 다시 조금 더 뜯어먹기를 서너 차례. 최진사는 금쪽같은 홍어를 누군가 훔쳐 먹고 있다는 것을 눈치챘다.

어느 날 최진사가 의관을 차려입고 강 건너 상가에 문상하러 집을 나서자 홍어향이 봄바람을 타고 부엌으로 들어와 언년이의 코끝을 간질였다.

언년이가 뜯어 온 홍어를 자기 방에서 초장에 찍어 막 입에 넣으려는데 문이 벌컥 열리며 최진사가 독사 눈으로 언년이를 째려봤다.

그날 저녁, 머슴·행랑아범 등 남정네들이 보는 앞에서 언년이는 안마당 한복판에 엉덩이를 까고 엎드려 최진사의 싸리 회초리 매타작을 받았다. 엉덩이에서 피가 질질 흘렀다. 그로부터 보름 후 언년이는 찬모 품삯을 받아 최진사 댁을 나와 어디론가 사라졌다.

닷새 후 새 찬모가 들어왔다. 그날 밤 새 찬모는 언년이가 쓰던 방에서 이불을 펴다가 최진사에게 올리는 밀봉한 편지 한 통을 발견, 안방마님을 거쳐 최진사에게 전했다.

무슨 편지인가 싶어 조심스레 겉봉을 뜯어보니 언년이가 최진사에게 쓴 편지였다.

그런데 편지를 읽어 내려가던 최진사가 갑자기 새파랗게 질리더니 '우웩우웩' 요강까지 갈 사이도 없이 저녁 먹은 걸 방바닥에 다 토했다. 편지 내용은 이랬다.

'최진사 어른께. 진사 어른 마시는 머루주 때깔이 더 새빨개졌지요.

내 월경포를 담가놓았으니! 홍어는 맛이 더 좋아졌지요. 오며 가며 내 가래침을 발라놓았으니! 언년이 올림.'

　최진사는 드러누웠다. 밥 한 순갈 먹어도 토하고 물 한 모금 마셔도 토했다. 용하다는 의원 모두 불러 봐도 백약이 무효. 피골이 상접한 최진사는 결국 한 달을 못 넘기고 이승을 하직했다.

황룡을 품다

 조실부모하고 초가삼간에 남은 사람은 열두 살짜리 혈혈단신 계집애 옹천이 뿐이다.
 동네 부자인 오참봉네 안방마님이 불쌍히 여겨 자기 집 부엌에서 찬모를 도와 일하라는 호의를 옹천이는 단호히 거절했다. 이웃 여자들이 입던 옷을 가져다 줘도 자기는 거지가 아니라며 받지 않았다.
 옹천이는 제 애비 어미가 목줄을 달았던 다섯 마지기 밭뙈기를 혼자서 일궈 보리 심고 콩 심어 추수하고 겨울이면 큰일 치르는 집에 가서 허드렛일을 해주고 때로는 삯바느질도 해주며 보릿고개에도 밥을 굶지 않았다.

5년이 지난 열일곱 살 땐 비록 화전 밭뙈기지만 농토를 늘렸다.

나이를 먹을수록 힘세고 능숙한 농부가 되어 매년 겨울이면 한 마지기씩 논밭을 샀다.

바쁘게 일할 땐 거울 볼 사이도 없었지만, 혼기가 차고 먹고살 만해지니 옹천이에게 바위 같은 걱정거리가 어깨를 짓눌렀다.

옹천이는 윗입술이 갈라진 언챙이였다. 스물넷이 되어도 매파 한번 찾아오는 법이 없고 노총각 머슴 하나도 찝쩍대는 녀석이 없다. 스물다섯이 된 그해 가을, 옹천이는 자다가 벌떡 일어났다.

꿈에 눈부신 황룡 한 마리가 구름을 타고 내려와 옹천이 치마 속으로 꼬리를 감추더니 그녀 뱃속으로 들어간 것이다. 온 몸에 서기가 충만해 졌다. 동녘이 트기도 전에 우물가로 가서 옷을 벗고 목욕을 했는데도 추운 줄 몰랐다. 새 옷으로 갈아입고 정화수를 떠놓고 아침 해가 떠오를 때까지 천지신명에게 빌고 또 빌었다. 황룡 꿈은 천하가 우러러 받드는 귀한 아들을 잉태할 꿈이지만 절대로 남에게 발설해서는 안 되는 법이라 옹천이는 애가 탔다.

아무 남자의 손이라도 잡아끌고 안방으로 들어가 옷을 벗고 싶지만 아무 남자도 언챙이 옹천이를 거들떠보지 않았다.

해가 중천에 떠올랐다. 그날 하루가 지나가 버리면 황룡 꿈은 수포가 된다.

옹천이는 고갯마루로 올라가 길가 바위 위에 모로 누워 치마를 벗어 얼굴을 덮어 자는 척했다. 터진 고쟁이 사이로 희멀건 두 쪽 엉덩이가 드러났고 그 사이로 거웃이 숲을 이뤘고 숲 속엔 볼도 그리한 숫처녀의 옥문이 자리 잡고 있었다.

얼마쯤 지났을까. 발자국 소리가 나더니 누군가 손가락으로 옹천이의 허리를 찔렀다. 모르는 척 치마를 덮어쓴 채 쥐 죽은 듯 있다가

"윽"

옹천이는 자신도 모르게 신음을 토했다. 묵직한 것이 그녀 옥문을 뚫고 들어와 방아를 찧었다. 쑥 빠지고 발자국 소리가 난 후 한참 만에 일어난 옹천이는 치마를 입고 계속 누워 있다가 집으로 돌아왔다.

열 달 후에 옥동자를 낳았다.

잘생기고 총명한 옹천이의 아들이 열다섯에 장원 급제를 했다.

마흔이 된 옹천이는 15년 전, 고갯마루 그 바위에서 아들을 잉태할 때 새우젓 냄새가 났던 기억을 되살려 30리 밖에 사는 새우젓 장수를 찾았다.

새우젓 장수는 진작에 그만두고 상처를 한 후 홀애비가 된 그와 옹천이는 새살림을 차렸다.

큰 것이 탈

　이대감은 양반 가문에 천석꾼 부자이자 학식도 깊어 나라의 요직이라는 요직은 빠짐없이 두루 거쳤다. 이목구비 뚜렷한 백옥 같은 얼굴에 허우대도 훤칠해 모두가 그를 우러러봤다. 연회라도 열릴 때면 기생들이 서로 이대감을 차지하려고 안달을 했다.
　삼남 일녀 자식들도 모두 달덩이 같은 얼굴에 서당에서는 글을 잘해 훈장의 총애를 받으며 쑥쑥 자랐다. 이대감의 부인 또한 절세미인에 양반집 규수로 자라 정숙하고 조신한데다 사군자를 잘 쳐 장안에 이대감 부인의 그림 한 장 받으려는 사람들이 목을 빼고 기다렸다.

이대감 부부는 금슬도 좋아, 뭇 대감들이 하나같이 어린 기생 머리를 얹어 주고 딴살림을 차렸는데도 이대감은 오로지 부인뿐이다. 마흔이 넘은 요즘도 별방을 쓰지 않고 매일 밤 안방에서 한 베개를 베고 자며 삼일 도리로 부인의 고쟁이를 벗긴다.

세상 부러울 게 없는, 모든 걸 갖춘 이대감에게도 딱 한 가지 모자라는 게 있으니 양물이 작다는 것이다. 어릴 때부터 고추가 작아 열대여섯 살 때부터는 동네 친구들과 여름에 개울에서 멱 감는 것도 피했다. 어른이 되어 장가를 갔지만 양물은 열두세 살 아이의 그것에 다름 아니게 볼품이 없었다.

이대감 부인이야 시집오기 전엔 양반집 규수로 어떻게 남정네의 양물을 볼 수 있었으며 더구나 시집온 후로는 이대감 양물만 수백 번 수천 번 보고 쥐고 했으니 어떻게 다른 남자의 양물을 봤겠는가. 그래서 이대감 부인은 이대감의 양물이 큰지 작은지 알 길이 없었고, 알려고 하지도 않았고, 으레 모든 남자의 양물이 그럴 것이라 짐작하고 있었다.

어느 날, 이대감 부인이 놀라서 자빠질 일이 생겼다. 그날은 임금님이 행차하는 날이라 이대감 부인은 담벼락 옆에 상자를 엎어 놓고 올라가 감나무 가지를 잡고 바깥을 보고 있는데 군졸 하나가 오더니 이대감 부인을 못 봤는지 바지춤을 내리고 담벼락에 오줌을 갈기는데 거

무뛰뛰한 그 양물이 이대감 것의 서너배는 됨 직했다. 세상에 이럴 수가! 임금님의 행차고 뭐고 온몸이 달아올라 안방으로 들어가 누웠다.

"그런 양물이 내 음문에 들어오면 어떤 기분일까?"

그날 밤 부인은 홑치마만 입고 이대감에게 착 달라붙어 조심스럽게 낮에 봤던 군졸의 양물을 얘기했다. 이대감이 껄껄 웃었다.

"그 군졸, 키가 크고 얼굴이 검지 않았소?"

사실 군졸들은 모두 키가 큰 데다 훈련하느라 얼굴이 타지 않은 군졸이 없었다. 부인은 고개를 끄덕였다.

"맞아요. 대감도 아는 군졸입니까?"

"그는 양물 비대증에 걸려서 백약이 무효, 시집온 부인이 첫날밤에 도망을 쳤지요."

"왜요?"

"왜요라니. 음문이 찢어져 아랫도리가 피투성이가 되었지요."

"어머머머."

"재취로 온 두 번째, 세 번째 과부, 모두가 첫날밤에 도망을 갔지요."

"우리 대감의 양물이 으뜸입니다."

그날 밤은 부인이 상위를 차지했고 식은땀을 흘린 이대감은 빙긋이 웃었다.

황대감의 유언

 강원도 정선에 사는 심생원은 벼슬하는 게 소원인데 타고난 머리가 둔해 죽어라 공부해도 초시 한번 합격하지 못하고 미역국만 마신다. 여덟 번 낙방 후 심생원은 책과 책상을 부엌 아궁이에 처넣었다. 그리고 문전옥답 다섯 마지기를 팔아 백 년근 산삼 열 뿌리를 사서 이끼로 덮고 굴피로 감아 한양 길에 올랐다.
 물어물어 팔판동에 자리한 당대의 세도가 황대감 댁을 찾아갔다.

권력 냄새를 맡은 파리 떼들이 들끓고 있었다. 마침내 심생원이 면담 차례가 돼 집사 뒤를 따라 사랑방으로 들어가자 뒤룩뒤룩 살이 찐 황대감이 보료에 기대어 장죽을 물고 있었다. 심생원은 주소와 이름을 쓴 종이를 산삼 보따리에 끼워 황대감 발 앞으로 밀었다.

황대감은 보자기를 풀어보더니 흡족한 웃음을 띠며 말했다.
"돌아가 기다리게. 곧 연락할 테니."
심생원은 뒷걸음으로 방을 나와 벌써 사또나 된 듯이 훨훨 나는 걸음으로 집으로 돌아왔다. 하지만 한두 달을 기다려도 가타부타 소식 하나 없자 심생원은 송이버섯을 들고 또다시 불원천리 한양 길에 올랐다.
소식이 없어 찾아왔다고 했더니 황대감 댁 집사는 면박을 줬다.
"단 한 번으로 벼슬자리를 받으면 벼슬 안 할 사람이 없겠네."
송이 보따리를 들이밀며 황대감과 눈도장을 찍고 집으로 돌아온 심생원은 눈만 뜨면 한양 쪽을 바라봤지만, 날이 가고 달이 가도 감감무소식이다. 심생원은 또 논마지기를 팔아 우황과 사향을 사서 한양으로 올라가 황대감을 만났다.
"초헌관 자리가 하나 있어 자네를 점찍었는데, 글쎄 권대감이 찾아와 처남에게 줘야 한다며 통사정을 해서 내가 졌네. 집에 가서 기다리게. 곧 기별할 테니."
어느 날 심생원이 손꼽아 보니 황대감 댁을 들락거린 지 10년이 됐고, 그때마다 돼지 같은 황대감은 뇌물만 받아먹고 그럴듯한 핑계로 애간장만 태웠다. 그뿐인가. 먹고 살만하던 살림살이는 바닥이 났다. 심생원이 석청을 외상으로 사서 황대감을 찾았더니 황대감은 앓아누웠고 그 옆을 그의 아들이 지키고 있었다. 병색이 완연한 황대감은 가래가 끓는 소리로 말했다.

"자네를 선전관 자리에 앉히지 못하고 내가 눈을 감을 수 없지."

죽을 때까지 거짓말이다.

"소피 좀 보고 올 테니 잠시만 아버님을 지켜 주게"

황대감 아들이 나가자 심생원은 벌떡 일어나

"벼슬 안 해도 좋으니 네놈한테 당한 화풀이나 해야겠다!"

가슴에 타고 앉아 황대감의 뺨을 연달아 열댓 대 힘껏 때리고 두 주먹으로 가슴을 사정없이 내리쳤다.

아들이 돌아왔다. 심생원은 태연하게 말했다.

"대감님 빨리 쾌차하시라고 석청을 갖고 왔습니다."

심생원에게 두들겨 맞은 황대감 캑캑 피를 토하며 말도 못하고 손가락으로 심생원을 가리켰다. '저놈이 나를 쳤다'는 뜻인데 황대감 아들은 '저 사람 꼭 선전관 자리 줘야 한다'로 받아들였다. 그날 밤을 못 넘기고 황대감은 죽었다. 황대감의 아들은 심생원의 두 손을 잡고 선친의 유언을 꼭 지키겠다며 눈물로 맹세했다.

7일장을 치르는 동안 심생원은 물불 안 가리고 상가 일을 도왔다. 한 달 후 심생원은 꿈에도 그리던 선전관이 되었다.

죽마고우

아름드리 떡갈나무 잎이 우수수 떨어져 이리저리 바람에 쏠려 뒹굴고 한 가닥 남았던 시월상달 짧은 햇살이 길게 누워 버린 스산한 음풍 나루터 외딴 주막에 나그네 하나가 도포 자락을 휘날리며 찾아들었다. 오가는 길손도 없어 적적하던 주모가 반갑게 나그네를 맞았다. 눌러 쓴 갓을 올리며

"하룻밤 자고 가리다"

나그네 말이 떨어지기 무섭게

"옥분아, 객방에 군불 지펴라"

주모가 소리쳤다.

저녁 준비를 할 동안 나그네는 마루에 걸터앉아 탁배기를 시켰다. 소반에 간단한 밑반찬과 함께 탁배기 한 호리병을 얹어 마루에 놓자 나그네가 말했다.

"주모, 여기 잔 하나 더 놓고 젓가락도 하나 더 놓으시오"

주모가 배시시 웃으며

"또 한 분이 뒤따라 오시는가 뵈" 하자, 나그네는 굵직한 목소리로

"아니오. 내 일행은 없소이다."

"호호호호"

주모는 부엌에서 술잔과 젓가락을 들고 오며 좋아한다.

"안 그래도 목이 마르던 참인데…"

나그네와 대작하려고 술상 앞에 널찍한 방댕이를 걸쳤다.

나그네가 말했다.

"주모도 술 한잔하고 싶으면 잔과 젓가락을 또 가지고 오시오."

주모는 어리둥절해졌다. 주모가 또 빈 잔과 젓가락을 들고 오자 잔이 세 개가 되었다. 주모가 나그네에게 술 한 잔을 따르자

"여기 빈 잔에도 술을 따르시오"

주문했다. 주모가 빈 잔에 술을 따르고 나자 나그네가 호리병을 받아 들고 주모 술잔을 채웠다.

나그네는 제 술잔을 비우고 나서 임자 없는 술잔을 또 비웠다. 주모가 의아한 표정으로 나그네를 쳐다보자

"주모, 저녁상을 차릴 때 두 사람 상을 부탁하오."

객방에 군불을 지펴 놓은 옥분이가 부엌에 들어가 저녁상을 차렸다.

탁배기 두 호리병을 비우자 나그네는 객방으로 들어가고, 곧이어 주모가 기괴한 저녁상을 들여놓고 나왔다. 주모는 나그네 방이 궁금해 다락에서 더덕주를 꺼내 들고 객방으로 들어가며 말했다.

"육십 년 된 더덕은 산삼보다 좋답니다."

나그네는 또 빈 잔을 가져오라고 했다. 나그네는 자기 밥 한 숟갈을 떠먹고 자리를 바꿔 다른 밥을 한 숟갈 먹었다. 더덕술도 자기가 한잔 마시고 빈자리 술잔을 또 마셨다. 주모가 무슨 사연이 있느냐고 조르고 또 조르자 나그네는 마지못해 털어놓았다.

"어릴 때부터 한동네에 살며 서당에서 함께 공부해 큰일을 하자던 죽마고우가 작년에 이승을 하직해…."

나그네는 말을 잇지 못하고 고개를 늘어뜨린 채 어깨를 들썩였다. 주모는 감격했다.

'이 메마른 세상에 이렇게 의리 있는 사람이 있다니!'

술이 잔뜩 취한 나그네와 주모는 그만 호롱불을 끄고 훌렁훌렁 옷을 벗어 던졌다. 삼십대 건장한 나그네와 사십대 농익은 주모가 살과 살을 붙여서 온 방을 헤집다가 가쁜 숨을 토하고 쓰러져 잠이 들었다.

새벽닭이 울 때 소피를 보고파 주모가 눈을 떴을 때 나그네가 없어졌다. 옷을 챙겨 입고 이 방 저 방을 돌아보던 주모가 장작개비를 치켜

들고 친정 조카딸 옥분이 방문을 열었다. 발가벗은 옥분이에게 올라탄 나그네가 말했다.

"내 친구는 술만 마시고 혼자 자란 말이오?!"

귀신들의 속삭임

 떠돌이 보부상 홍가는 타고난 역마살에 한번 집을 나서면 몇 달씩, 어떤 때는 일 년 넘게 방방곡곡을 쏘다닌다. 장사 수완이 좋아 곧잘 이문을 남기지만 방탕한 기질을 버리지 못해 주색잡기에 다 쏟아버린다. 영월 땅 산마루 주막집 주모와 눈이 맞아 열흘째 기둥서방처럼 눌러앉은 홍가. 비가 추적추적 내리는 그날도 손님이 없는지라 술을 한잔 걸치고 저녁나절부터 육덕이 풍만한 주모를 끼고 운우의 정을 나눴다.

 "오늘이 며칠인가?"

"초이레지 뭐요."

홍가는 벌떡 일어났다.

"오늘이 선친 제삿날이야!"

주섬주섬 옷을 입은 홍가는 도롱이만 걸치고 걸음을 내달렸다. 얼마나 걸었을까. 하지만 제사 때는 이미 놓쳤다. 날은 어둡고 빗줄기는 점점 더 거세지고 주모한테 진을 뺀 다리는 천근만근 무거워 도저히 더 이상 걸을 수 없을 때 어슴푸레 산길 옆에 움막 하나가 보였다. 홍가는 움막에 들어가 쓰러져 잠이 들었는데 비몽사몽 간에 귀신들의 소리가 들렸다.

"그놈의 제사, 다시는 안 간다."

"제삿밥 한술 얻어먹으려다 기절할 뻔했네. 구렁이가 다섯 마리나 밥 속에 있지 뭔가."

"맏상주는 작년에도 안 오더니 올해도 안 왔대."

"그 못된 놈, 제 딸년과 상피 붙어먹을 사주야!"

홍가는 벌떡 잠을 깼다. 그 움막은 바로 초분이었으니, 남의 시체 거적때기 위에서 잠을 잔 셈이다. '밥 속의 뱀 다섯 마리'와 '딸년과 상피 붙어먹을 놈'이라는 구절이 생생하게 귓전에 맴돌았다.

"밥그릇 속에 무슨 뱀? 딸도 없는데 상피 붙어?"

홍가는 코웃음을 치며 움막을 나왔다. 봉평 집에 다다랐을 땐 부옇게 동이 텄다. 부인이 눈을 비비며 대문을 열었다. 홍가는 아직 그대로 있는 제사상으로 가 밥그릇을 열었다. 긴 머리카락 다섯 개가 섞여 있었다. 그때 안방에서 아기 울음소리가 났다.

"누구여?"

"누구긴 누구요. 당신 딸아이지."

그러고 보니 그가 집을 나선 게 일 년도 넘었다. 귀신의 말이 생각나 그는 억장이 무너졌다. 그는 낫을 들고 들어와 돌 지난 어린 딸을 내리쳤다. 그때 딸을 안아 올린 부인이 몸을 돌리는 바람에 낫 끝은 딸아이의 등을 벴다. 피범벅이 된 포대기를 안고 도망친 부인은 영영 돌아오지 않았다.

십칠 년의 세월이 흘렀다. 사십대 중반의 홍가는 여전히 보부상으로 팔도강산을 떠돌았다. 어느 날, 줄포 포구의 색주가에서 진탕 술을 마시고 어린 기생을 끼고 잤다. 운우가 지나고 등잔불을 켜 담뱃불을 붙이는 홍가를 발가벗은 기생이 빤히 바라보더니,

"초면이 아닌 것 같아요."

홍가 눈에도 어린 기생이 낯설지 않다. 갑자기 홍가는 얼어붙었다.

"너, 등의 상처 자국은 왜 생겼느냐?"

"3년 전 어머니가 돌아가시면서 해준 얘긴데 제가 젖먹이일 때 아버지가 실성해서 낫으로 저를 죽이려다…."

"그만! 그만!"

이튿날 아침, 색주가가 발칵 뒤집혔다. 뒤뜰 감나무에는 목을 맨 시체가 매달렸다.

손 씻은 물

민초시는 청빈한 선비다. 물려받은 재산은 넉넉지 않았지만, 부지런히 논밭을 일궜고, 뼈대 있는 집안에서 시집온 부인은 알뜰하게 살림을 꾸렸다.

비록 초가지만 티끌 하나 없이 깨끗하게 정돈해 놓고 마당 가의 텃밭도 반듯하게 다듬어 놓았다. 젊은 시절, 비록 과거에는 낙방했으나 이날 이때껏 농사를 지어오면서도 책을 놓는 법이 없어 동네의 서찰이나 비문은 모두 민초시 몫이었다.

글 하는 사람이 소문을 듣고 찾아오면 반가이 맞아 밤새도록 글 솜씨를 주고받았다.

걱정 없는 민초시에게 단 한 가지 마음에 걸리는 것은 책은 멀리하고 잡기에 빠져 있는 열 살 먹은 아들이었다.

호박에 목침 놓기, 참외·수박 서리, 닭서리…. 여간 말썽꾸러기가 아니었다.

어느 초여름날, 들에서 돌아온 민초시가 마루에서 점심상을 받았다. 텃밭에서 뜯어온 상추가 그득히 상에 올랐다. 아들 녀석이 큰 대접에 우물물을 떠오자 민초시가 손을 씻었다.

바로 그때 구겨진 갓에 해진 두루마기를 입고 단봇짐을 진 남루한 과객이 사립문을 열며 들어왔다.

"지나가던 길손입니다. 물 한 모금만 주시지요."

하지만 끼니때 찾아온 손님을 물 한 모금만 대접하고 보낼 민초시가 아니었다.

"보아하니 요기도 안하신 것 같은데 소찬이지만 겸상을 하면 어떻겠습니까?"

"아이고, 이거 죄송해서…."

민초시는 부엌 장지문 쪽을 향해 밥과 수저를 내오라며 아내를 불렀다. 그때 길손이 민초시의 손 씻은 물을 벌컥벌컥 마시는 게 아닌가. 민초시가 대경실색

"그, 그 물은 내 손…"

하는데 민초시 아들이 쪼르르 달려오더니 길손이 반쯤 마시다가 내

려놓은 손 씻은 물을 두 손으로 잡고 벌컥벌컥 다 마셔버렸다. 그러고는 생긋이 웃으며 길손을 쳐다보고,

"저희 집 우물물맛이 좋지요. 재작년에 아버님과 작은아버님이 팠어요."

"아, 그렇구나. 물맛이 꿀맛이네."

길손은 마파람에 게 눈 감추듯 고봉밥을 다 비우고 백배 인사를 하고 가던 길을 갔다. 길손이 떠나고 나서 민초시가 아들을 불렀다.

"길손은 손 씻은 물을 모르고 마셨다지만, 너는 왜 마셨느냐?"

"그 길손이 아버님 말씀을 들었는지는 모르겠으나, 손 씻은 물인 줄 알았다면 얼마나 무안했겠습니까."

민초시는 아들 녀석이 말썽꾸러기이기는 하지만 보통내기가 아니란 걸 알았다.

길손도 물을 마시다 말고 손 씻은 물이란 걸 알아차렸고, 그 아들이 큰 인물이 될 것이라는 것을 알았다.

그 길손은 암행어사였고 7년 후 민초시의 아들이 과거에 급제하자 자기 밑에 두고 키워 나중에 우의정까지 오르게 했다.

복상사

 천석꾼 부자 최참봉이 상처를 하고 3년 동안 홀아비 생활을 하다가 양자 내외를 세간 내보내고 새장가를 들게 되었다. 최부자네 안방을 차지할 삼십대 초반의 황간댁은 사슴 눈, 오똑한 코, 백옥 같은 피부에 앵두 입술로 자색이 뛰어났을 뿐만 아니라 둥그런 턱선과 넉넉한 인중, 넓은 이마 등 부귀영화를 타고난 인물이다.

고을이 떠들썩하게 혼례를 올렸는데 첫날밤에 최참봉이 이승을 하직하고 말았다. 참으로 이해할 수 없는 일은 집의 담 모퉁이 하나 고치는 일도 구곡암자의 영검도사에게 물어보고 실행에 옮기던 최참봉이 혼인만은 자기 뜻대로 한 것이다. 혼례식을 올리기 전 황간댁의 관상을 본 영검도사가 최참봉에게 신신당부를 했었다.

"그 여자 배 위에서는 황소도 살아남을 수 없으니 부디 혼약을 파기하십시오."

최참봉은 고개만 끄덕이고 결국 영검도사의 권고를 무시했다가 참변을 당한 것이다.

삼년상을 치를 동안 소복을 입은 황간댁은 쥐 죽은 듯이 집안에만 틀어박혀 있다가 마침내 바깥출입을 하기 시작했는데, 자색은 조금도 변하지 않았다. 사람들이 쑥덕거리기 시작했다.

"저렇게 후덕해 보이는 여자가 남자 잡는 백여우여."

"최참봉만 복상사를 한 게 아니라 저 여자가 첫 시집을 간 첫 신랑도 첫날밤에 복상사했다네."

황간댁이 최참봉이 남긴 대궐 같은 기와집에 하인과 하녀들을 거느리고 조용하게 살며 최참봉의 횡사도 잊어 갈 즈음, 이번엔 황간댁 집안팎일을 총괄하던 훤칠한 집사가 안방에서 급사했다. 황간댁 배 위에서 복상사한 것이다.

얼마 후, 비단 장수가 대낮에 황간댁 안방에서 복상사했다. 소문이 널리 퍼져 아무도 황간댁을 넘보지 않았다. 집사도 하인도 없는 황간댁. 드넓은 기와집은 인적이 끊겼다.

어느 날 어디선가 흘러들어온 집도 절도 없는 건달 노름꾼이 주막에서 술을 마시고 황간댁 대문을 두드렸다. 허우대가 멀쩡한 건달이 밤중에 찾아와

"부인의 한을 풀어 드리려고 왔으니 받아주시기 바랍니다."

제법 예를 갖추어 고개를 숙이자 황간댁은 눈물을 쏟으며

"제발 부탁이오니 돌아가 주십시오."

건달은 막무가내로 안방으로 들어갔다. 엎드려 대성통곡을 하는 황간댁을 건달이 등을 쓰다듬으며 껴안았다. 또다시 자신의 배 위에서 비명횡사하는 남자를 보기 싫어 한사코 치마끈을 풀지 않으려는 황간댁을 안고 건달이 쓰러졌다.

그날 밤, 건달과 황간댁은 온몸을 불사르며 격렬하게 운우의 정을 나눴다. 건달은 죽지 않았다.

발가벗고 꼭 껴안은 채 깜빡 눈을 붙이고 나니 동창이 밝았다. 건달과 황간댁은 또 한 번 지축을 흔들었다. 건달은 이 집 대주가 되었고, 황간댁은 그를 하늘 같이 받들었다. 얼마 후 황간댁은 입덧을 하기 시작했다.

황간댁 사주팔자엔 배 위로 올라간 남자가 복상사(腹上死)하지, 하늘과 땅이 뒤바뀐 복하(腹下)에서는 남자가 죽는 법이 없었다. 황간댁은 여성상위(女性上位)의 시조가 되는 것이다.

두 가지 패

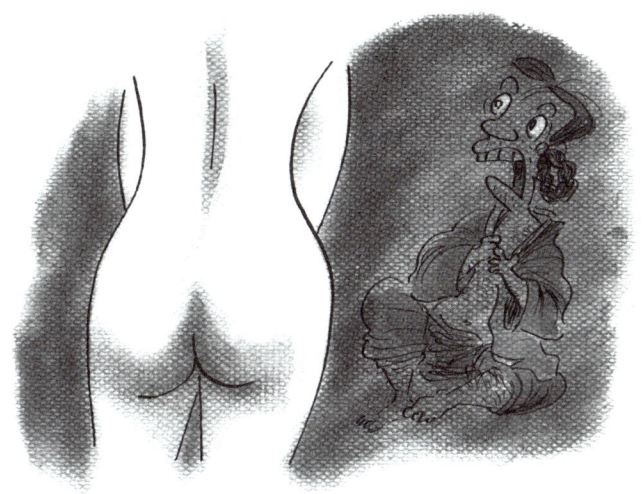

지난봄, 어느 날 밤. 권대감 댁 무남독녀가 이대감 댁 맏아들과 혼례 날짜를 잡아 놓고 별당에서 바느질하던 중 깜빡 졸다가 등잔을 쓰러뜨려 순식간에 불길에 휩싸였다. 하인들이 나오고 이웃들도 몰려와 바가지와 대야로 물만 퍼부었지 불길이 워낙 사나워 들어갈 엄두를 내지 못했다.

그때 권대감 댁 총각 집사가 바가지로 물을 뒤집어쓴 후 불길 속으로 뛰어들어갔다. 모두 발만 동동 구르고 있는데 총각 집사가 혼절한 아씨를 안고 나왔다.

　사흘 만에 아씨는 깨어났고 종아리에 가벼운 화상을 입었을 뿐 사지와 이목구비는 멀쩡했다. 권대감과 안방마님은 딸을 끌어안고 기쁨의 눈물을 흘렸다. 아씨를 살려낸 총각 집사도 한 달여 만에 자기 방에서 나와 얼굴을 드러냈다. 그는 중화상을 입어 등과 허벅지 그리고 오른쪽 뺨과 목덜미에 화상 자국이 남았다. 그래도 그는 묵묵히 집사 일을 계속했다.

　총각 집사는 원래 뼈대 있는 집안에서 태어났으나 조실부모했는데, 워낙 영민한 덕에 훈장님 소개로 권대감 댁에 들어와 빈틈없이 살림을 꾸려 갔다.

　어느 여름날 밤. 밤늦도록 장부 정리를 마치고 호롱불을 끈 후 자리에 눕는데 살며시 문이 열렸다. 총각 집사가 벌떡 일어나 앉으며

　"누구요?"

　하자 나지막한 목소리로,

　"서방님의 소첩이 될 사람이옵니다."

　바로 아씨였다. 그녀는 옷을 벗기 시작했다. 총각 집사가

　"아씨, 이러시면 안 됩니다." 하며 말리는데 실오라기 하나 걸치지 않은 아씨가 집사의 품에 안겼다.

　이튿날 아씨가 머리를 올려 비녀를 꽂고 사랑방으로 가 권대감에게 모든 걸 털어놓자 집안이 발칵 뒤집혔다. 권대감이 아무리 생각해도 딸을 살려 준 은인이고 착실하고 똑똑하지만, 집안도 없는 집사에게 딸을 줄 수는 없는 노릇이다. 그때 꾀 많은 육촌 동생이 찾아와 기발한 묘책

을 냈다. 집안 식구들을 마당에 모아 놓고 한가운데 총각 집사를 세운 후 권대감이 소리쳤다.

"네가 진정 딸애를 좋아한다면 목숨과도 바꿀 용기가 있느냐?"

"네, 있습니다."

서슴없는 총각 집사에 말에 권대감이 한 손에 하나씩 접은 종이를 들고,

"이 두 장의 종이 패 중 하나는 '혼인'이라고 씌어 있고 하나는 '죽음'이라고 씌어 있다. 하나를 잡아라. 혼인 패를 잡으면 너는 내 사위가 된다. 허나 죽음 패를 잡으면 너는 목숨을 내놓아야 할 게야!"

쩌렁쩌렁 울리는 권대감의 말이 끝나자 총각 집사는 대감 오른손의 종이 패를 잡아 그대로 입안에 넣고 씹어 삼켰다.

"대감의 왼손에 잡고 계신 패를 펼쳐 보시지요. 그게 '혼인'이면 저는 죽음을 면치 못하겠지요."

총각 집사의 말에 대감은 의미심장한 표정을 짓고는 왼손에 들고 있던 종이 패를 찢으며 소리쳤다.

"여봐라, 시월 상달에 혼인 날짜를 잡도록 하라."

대감이 들고 있던 패는 둘 다 '죽음'이었다.

사또의 울화병

새로 부임해 온 정선 사또는 첫 달부터 물불 안 가리고 백성들의 고혈을 짜기 시작했다. 정선 땅이라고 해야 하늘만 빼꼼이 보이는 첩첩산중이라 백성들이 입에 풀칠하기도 바쁜데 사또가 가가호호 빨래 짜듯이 우려내니 온 고을에 원성이 자자하다. 육방관속이 시달리는 건 백성보다 더했다.

"까치골은 이방이 맡고, 운안골은 호방이 맡고, 백석골은 병방이 맡고…."

육방에게 할당을 하니 도리 없이 자기가 맡은 고을에 가 곡식과 산나물 말린 것, 짚신 삼아 놓은 것을 수탈해 올 수밖에 없었다. 어느 날 밤, 주막에 육방관속들이 모여 술을 마시며 울분을 토하는데 얌전한 예방이 술잔을 탁 하고 놓았다. 육방관속은 머리를 맞대고 귓속말을 나눴다. 그러기를 한참 후,

"고양이 목에 방울을 누가 달 꺼여?"

"내가 하겠소."

형방의 물음에 예방이 서슴없이 대답했다.

이튿날 아침, 동헌에서 조회가 열렸다.

"관아 창고가 비었으니 빨리 채워 넣도록 하라!"

사또의 말이 떨어지기도 전에 예방이 앞으로 나가더니 사또 얼굴에 침을 뱉으며 대갈일성을 내질렀다.

"백성들의 고혈로 창고를 채우면 네놈이 다 빼 가니 밑 빠진 독에 물 붓기 아니냐!"

그러고는 오른손으로 사또의 왼뺨을 후려치고 다시 왼손으로 오른뺨을 후려쳤다. 예방에게 귀싸대기를 맞아 두 뺨이 벌겋게 달아오른 사또는 한순간 얼이 빠졌다가 벌떡 일어나 소리쳤다.

"저놈 잡아라!"

사또의 말에 이방이 두 손을 모으고 사또 앞으로 나갔다.

"나리, 무슨 일이옵니까?"

"무슨 일이라니…. 네놈은 눈깔이 썩었느냐?"

"아닙니다. 제 두 눈은 멀쩡합니다."

"두 눈깔이 멀쩡하다면, 저, 저, 예방 놈이 무엄하게도…"

사또는 펄쩍 뛰었지만, 이방은 미소 지을 뿐이었다.

"여봐라, 병방은 빨리 이놈을 포박하라."

"사또 나리, 고정하십시오."

사또가 소리쳤지만 병방도 마찬가지였다. 사또가 손수 예방에게 달려들자 육방관속이 사또를 잡았다. 사또는 발길로 허공을 가르며 방방 뛰었다. 이방이 사또의 사저로 달려가 부인과 아들을 데려왔다.

"나리께서 갑자기 저렇게 발작을 하십니다."

"이방, 빨리 의원을 부르시오."

뚱뚱보 사또 부인의 말에 사또는 꼼짝없이 사저로 끌려가 의관을 벗고 방에 눕혀지는 신세가 되었다. 달려온 의원이 진맥하더니

"더위에 기가 허해 헛것이 보였다."고 하자 사또가 입에 거품을 물었다.

"예방을 옥에 처넣지 못할까!"

고래고래 고함치니 의원의 지시로 손발이 묶였다. 사또가 실성했다는 소문이 온 고을에 퍼졌다.

그날 밤 이방이 사또를 찾아왔다. 손발이 묶인 사또가 나직한 목소리로,

"자네는 그날 예방 놈이 한 짓을 분명히 봤지."

"나리, 얌전한 예방이 그런 짓을 할 턱이 있습니까."

한 달 후 사또는 울화병으로 죽고 정선 고을에는 골골이 잔치판이 벌어졌다.

나루터 주막

 무실댁은 아이 못 낳는다고 시집간 지 4년 만에 시댁에서 쫓겨났다. 시아버지가 그래도 경우가 있어 며느리에게 가볍지 않은 전대를 주어 보냈다.
 친정에서 묵으며 앞으로 어떻게 살아갈지 이 궁리 저 궁리 끝에 밭 뙈기 딸린 초가삼간을 구해 볼까 하다가 도저히 혼자서 농사지을 자신

이 없어 한숨만 쉬고 있는데 시집 쪽으로 먼 친척 아지매뻘 되는 나루터 주막 안주인이 찾아왔다. 무실댁 손을 잡고 아지매가 눈물을 훔치며 위로하는 바람에 무실댁도 치맛자락을 적셨다.

"질부야. 모질게 살아야 된다. 아무도 믿지 말고 너 자신만 믿어야 된다."

이 얘기 저 얘기 끝에 아지매가 본론을 꺼냈다.

"한양에서 포목점을 하는 맏이가 올라오라 해서 애 아부지가 주막을 다른 사람 손에 넘기려 하기에 내가 부랴부랴 질부를 찾아온 거다."

무실댁이 한 달간 나루터 주막에서 부엌일을 해 주며 눈여겨봤더니 손님이 심심찮게 자고 가, 전 재산을 주고 주막을 샀다. 한 달쯤 지났을까. 강 건너 나루터 옆에 뚝딱뚝딱 목수들이 집을 짓기 시작했다. 무슨 집인가 했더니 한양 맏아들 집으로 이사 간다던 아지매네가 새 주막을 짓는 것이다. 무실댁이 눈이 뒤집혀 팔을 걷어붙이고 나룻배를 타고 강을 건너갔더니 아지매 한다는 말 좀 보소.

"애 아부지가 맴이 변해서 또 주막을 하겠다니, 나 원 참."

번듯한 새 주막이 강 건너에 들어서자 무실댁의 낡은 주막엔 손님이 끊겨 버렸다. 울다가 이를 갈다가 술을 퍼마시다가 지쳐서 드러누웠던 무실댁이 입을 꽉 다물고 일어났다. 어느 저녁나절, 강 건너 새 주막에 가려던 손님이 나룻배가 끊겨 할 수 없이 무실댁 나루터 주막에 묵게 되었다. 저녁상을 물리고 난 손님방에 막걸리 한 사발을 소반에 받쳐 들고 몸단장을 한 무실댁이 들어갔다.

"손님, 먼 길 오시느라 다리 아프죠."

막걸리 한 사발을 들이켠 손님을 눕히고 다리를 주무르기 시작했다. 비록 시집에서 쫓겨나오기는 했지만, 아직도 스물 두 살. 탱탱한 주모가 다리 안마를 해 주니 어느 손님이 입을 벌리지 않겠는가. 입소문을 타고 손님들이 찾아오기 시작했다. 까짓것 기왕 버린 몸에 아이도 못 낳는 몸. 무실댁은 짓궂은 손님에게 치마를 벗는 것도 서슴지 않았다. 정한 금액은 없었지만, 손님들은 해웃값을 스스로 내놓았다.

소문이 꼬리를 물었다. 어떤 날은 객방 여섯 개가 모두 차 무실댁이 한 바퀴 돌고 나면 새벽닭이 울었지만 고단한 줄 몰랐다. 강 건너 새 주막에 손님 발길이 뚝 끊겼다. 심술이 부글부글 끓는 아지매가 그 소문을 진작에 듣고 팔짱을 끼고 있을 수는 없었다. 사십대 초반의 허리통이 뒤룩뒤룩해진 아지매가 분수도 모르고 분을 바르고 손님방에 들어가 남정네 다리를 주무르기 시작했다. 손님 하초가 불끈 솟아오르기 시작하자 아지매가 먼저 열이 올라 치마를 걷어 올리고 올라타고 말았다. 무실댁과 아지매의 가장 큰 차이점은 무실댁은 남편이 없지만 아지매에게는 엄연히 성질 급한 남편이 있다는 점이다.

어느 바람 부는 겨울날 밤, 부부싸움이 대판 벌어지더니 새 주막에 불길이 치솟아 올랐다. 남편 발에 차인 아지매가 호롱불 등잔을 안고 넘어졌던 것이다. 새 주막은 잿더미가 되고 아지매는 면상에 화상을 입어 귀신 몰골이 되었다.

산통

 늙은 산파가 나이 먹은 딸 하나를 데리고 살다가 세상을 뜨자, 노처녀가 시집도 안 가고 제 어미 하던 일을 자연스레 이어받았다. 서른이 가까운 노처녀 산파는 차가운 기운이 돌고 좀 쌀쌀맞지만, 백옥 같은 얼굴에 이목구비가 또렷하고 허리는 잘록했다. 간혹 외출할 때도 눈을 내리깔고 다녔고, 누가 말을 걸어도 예, 아니오 한마디뿐이다.
 매파가 와서 중매 얘기라도 꺼낼라치면 등을 떼밀어 문밖으로 쫓아냈다. 노처녀 산파가 시집을 가지 않으려는 데는 연유가 있다. 열서너

살 때부터 제 어미를 따라 아이 받으러 다니며 수많은 여인이 아이 낳으려고 버선을 입에 물고 생땀을 쏟으며 몇 날 며칠 산통을 겪는 걸 봐 왔고, 수많은 여인이 아이 낳다가 목숨을 잃는 걸 봐 왔기 때문이다. 이 모든 게 남정네 탓, 남자는 짐승과 다를 바가 없다는 게 노처녀 산파의 가슴에 박힌 생각이다.

그녀가 이렇게 철옹성을 치고 있어도 성문을 열려는 짐승(?)이 있으니 다름 아닌 천하의 한량, 박진사다. 와우골 산자락 외딴집에서 어렵게 홀로 사는 신노파 집에 박진사가 들어섰다.

"어인 일로 진사 나리께서 늙은 쇤네를 찾아오셨수?"

박진사는 싱긋이 웃으며 엽전 꾸러미를 신노파 손에 쥐어 줬다.

이튿날 저녁나절, 신노파가 헐레벌떡 노처녀 산파집 문을 두드렸다.

"시집간 딸애가 배가 차올라 보름 전 우리 집에 해산하러 왔는데 진통이 시작되네."

노처녀 산파가 얼른 출산 준비 손 보따리를 싸 가지고 신노파 뒤를 따라 산허리를 돌아 초가삼간 외딴집 사립문에 들어서자 방 안에서는 앓는 소리가 났다. 방 안에 들어선 산파가

"할멈, 촛불을 켜든가 호롱불 심지를 좀 올리세요."

했다. 신노파가 대답하기를

"우리 집에 초는 없고 호롱불 심지를 올려 볼게"

하며 호롱불을 만지다가 가물거리던 호롱불마저 꺼져 버려 방 안은 칠흑이 되었다.

초를 구하러 간다고 신노파는 나가고 깜깜한 방에서는 출산통 신음

소리만 들려, 노처녀 산파가 더듬더듬 이불 속으로 두 손을 넣어 산부의 배를 쓰다듬었다. 배가 별로 부르지 않아 홑치마를 걷어 올리고 음부에 손을 대자 무성한 숲 속에서 벌써 아기가 나오고 있다. 노처녀 산파는 깜짝 놀랐다.

이날 이때껏 수많은 아기를 받아 봤건만 이번 아기는 번개로 밴 아이인지 손이 닿자 노처녀 산파의 온몸이 짜릿짜릿하고 숨이 가빠지고 아랫도리가 힘이 빠지고 등줄기에 땀이 났다.

음문을 열고 나오는 아기를 만지던 노처녀 산파가 또 한 번 놀란 것은 도대체 어느 부위인지 짐작도 가지 않는 것이다. 아기 머리이기엔 너무 작고 손이기엔 손가락이 하나도 없고 발이기엔 발가락이 없다. 양수가 묻어 미끈미끈한 것을 이 손으로 만져도 저 손으로 만져도 알 길이 없고 노처녀 산파의 몸만 불덩이처럼 뜨거워졌다.

어느새 산부의 손이 노처녀 산파의 허벅지를 더듬다가 가랑이 사이 옥문에 다다랐건만 노처녀 산파는 비몽사몽 간에 '내가 왜 이러지'를 주문처럼 외며 눈을 감고 쓰러졌다. 출산한다며 이불을 덮어쓰고 누웠던 신노파의 딸(?)이 재빨리 노처녀 산파의 치마를 올리고 음부에서 나오려던 그것으로 지그시 노처녀 산파의 옥문으로 밀고 들어갔다.

박진사의 양물이 쉼 없이 절구질을 해대자 노처녀 산파의 신음 소리가 온 방을 들썩이고 두 팔로는 박진사의 등을 감싸 안았다. 폭풍이 지나가자 정신을 차린 노처녀 산파는 치마끈을 매며 중얼거렸다.

"산통으로 죽을 때 죽더라도 이래서 아이를 또 배는구나."

산삼이냐 장뇌냐

 치악산 아래 주막집에 콜록콜록 기침을 해대는 삐쩍 마른 촌사람이 암소와 송아지를 데리고 와 하룻밤 묵어가기를 청했다. 촌사람은 소를 마당 가에 매어 두고 우물가에서 풀을 베어 소에게 던져 줬다. 어둠 살이 내릴 무렵 주모가 저녁상을 차려 냈다. 바로 그때 주모 남편이 덩실덩실 춤을 추며 망태기를 메고 마당으로 들어서면서
 "심봤다!"

고함을 질렀다.

"뭐, 뭐요? 마침내 당신이 산삼을 캤구려."

주모 부부는 기쁨에 겨워 서로 끌어안고 펄쩍펄쩍 뛰었다.

"산삼이 어떻게 생겼는지 어디 한번 봅시다."

촌사람이 다가가자 주막집 주인이 망태기 열어 얼른 보여 주며

"백 년도 넘은 것이요"

은근히 자랑했다. 주막집 주인은 호미를 들고 마당 가에 가더니 땅을 판 후 산삼을 심고 소쿠리로 덮었다.

그날 밤, 밤은 깊어 삼경인데 콜록콜록 기침하던 촌사람이 기어이 피를 토하고 벽에 기대어 가쁜 숨을 몰아쉬었다. 그는 폐병 환자였다. 촌사람은 갑자기 일어나더니 마당으로 나가 산삼을 뽑아들고 와그작와그작 씹어 먹기 시작했다. 바로 그때 주막집 주인이 나오더니 삐쩍 마른 촌사람의 멱살을 잡았다.

"주, 주인장, 산삼값으로 저 송아지를 드리리다."

"어림없는 소리!"

한참을 밀고 당기고 하던 두 사람은 막걸리 한 사발씩 마시고 진정이 되었다. 주막 주인이 말했다.

"그 산삼을 팔면 황소 세 마리 값은 받을 수 있는데 내가 특별히 선처하니 어미 소와 송아지 두 마리 모두 내놓으시오."

"나 좀 봐주십시오. 어미 소가 없으면 우리 식구는 굶어 죽습니다."

촌사람이 통사정해도 막무가내다. 이튿날 두 사람은 동헌으로 가 사또 앞에 서게 되었다. 자초지종을 듣고 난 사또는 따로 육방관속을 모았다.

"무엇인가 이상하다. 백 년 묵은 산삼을 캤으면 보물처럼 안방에 보관해야지, 어째서 남 보는 앞에서 마당에 심는가. 그리고 손님이 삼경에 그걸 씹어 먹는데 어떻게 주인이 현장을 덮칠 수 있는가. 미끼를 던져 놓고 밤새워 지켜보고 있었던 것 같은데…."

"소인들도 같은 생각입니다요."

이방이 촌사람을 불러 귓속말을 하고 의원을 불러왔다. 사또가 동헌에 정좌했다.

"의원은 듣거라. 뱃속에 들어갔더라도 산삼과 장뇌를 구분할 수 있는가?"

"전혀 어렵지 않습니다."

"여봐라, 산삼을 훔쳐 먹은 저 사람의 배를 갈라라. 산삼이 아니면 주막집 주인은 평생을 감옥에서 살고 전 재산은 저 사람의 처자식에게 줘야 한다."

그 말에 파랗게 질린 주막집의 주인이 땅바닥에 머리를 처박았다.

"사또 나리, 한 번만 살려 주십시오."

사또의 추리는 한 치의 오차도 없었다. 사또의 주선으로 촌사람은 약 열 첩과 주막집 주인이 내놓은 묵직한 벌금 전대를 차고 소 두 마리를 끌고 집으로 갔다.

요분질

영월 사는 이진사가 정선 사또로 발령이 났다. 한평생 허튼짓 한번 하지 않고 말을 아끼고 행동거지를 조심해 온 이진사는 내일 아침이면 임지로 떠나야 하는지라 주위를 한 치 빈틈없이 정리했다. 조신한 이진사 부인은 멀리 떠나는 남편을 위해 겨울 옷가지며 이불이며 밑반찬을 준비하느라 몇 날 며칠을 바쁘게 움직였다.

그날 밤, 이진사는 내년 봄까지 보지 못할 부인의 옷고름을 풀었다. 치마를 벗기고 고쟁이를 내리자 부인은 깜깜한 방 안에서도 누가 들여다보는 듯 두 손으로 음문을 감쌌다. 이진사가 부인의 손을 치우자 부인은 죽은 듯이 반듯하게 누워 숨소리만 가빠졌다.

이진사가 조심스럽게 부인의 다리를 벌리고 위로 올라가 음양의 조화를 부려도 부인은 가쁜 숨을 감추느라 애쓸 뿐 두 손을 반듯이 요 위에 놓고 죽은 듯이 꼼짝하지 않았다. 이진사도 부인의 목덜미 너머 요에 얼굴을 묻고 아랫도리만 들썩들썩하다가 큰 숨을 토하고 내려왔다. 부인은 서방질하다 들킨 여자처럼 급히 일어나 옷을 입고 부엌으로 나갔다.

날이 밝았다. 옷섶으로 눈물을 훔치는 부인을 뒤로하고 이진사는 집을 나섰다. 하인 둘이 봇짐을 지고 뒤를 따랐다. 동강을 따라 굽이굽이 오르던 이진사는 주막에서 하룻밤 자고 이튿날 저녁 까치고개를 넘어 정선 땅을 밟았다.

고갯마루에 역졸과 이방이 기다리고 있었다. 이방이 생글생글 웃으며 신관 사또 이진사를 소나무 아래 바위에 깔아 놓은 돗자리로 모시고 술을 따랐다.

목을 축인 이진사는 역졸이 몰고 온 말 등에 올랐다. 길은 험한데 말이라고는 생전 처음 타 보는데다 설상가상 삐쩍 마른 이놈의 말이 발놀림이 고약해 말 등이 요동을 쳤다. 말 위에 앉은 이진사는 울상이 되어 혼자 중얼거렸다.

"걷는 것보다 별로 편할 게 없네."

말 등이 상하로, 옆으로, 앞뒤로, 어찌나 움직이는지 이진사는 식은

땀을 흘리면서도 말을 처음 타 본다는 말을 할 수가 없어 울며 겨자 먹기로 말 등을 지켰다. 고개 넘고 물 건너 정선 관아에 왔을 땐 이진사의 엉덩이는 퍼렇게 멍이 들었다.

말 등에서 내려 어기적어기적 걸어 방에 누웠다. 저녁에 신관 사또를 위한 연회가 베풀어졌다. 이방이 옆에 앉아 이진사에게 귓속말을 했다.

"사또 나리, 한 달 전부터 나으리 객고를 풀어 드릴 수청 기생을 찾느라 정선 천지를 헤매고 다녔습니다. 보십시오."

이진사에게 큰절을 올리는 열일곱 살 매향이는 초승달처럼 예뻤다. 술잔이 돌고 얼큰히 취한 이진사가 관아의 방으로 들어오자 벌써 매향이 이부자리를 깔고 있었다. 매향이 사또의 관복을 벗겨 벽에 걸고 촛불을 끄더니 자신도 치마저고리를 벗었다. 이진사는 이제야 사또가 된 실감이 났다.

말로만 듣던 수청 기생의 고쟁이까지 벗기자 발가벗은 매향이는 부인이 하던 밤일과는 전혀 딴판으로 해, 이진사는 깜짝 놀랐다. 마침내 이진사가 매향이 배 위에 올라 양물을 음호 속 깊이 밀어 넣자 매향이는 말 울음소리를 내며 말 등처럼 엉덩이를 요동치는 게 아닌가. 이진사는 깜짝 놀라 양물을 빼고 물러나 앉았다.

"여봐라, 불을 켜고 너는 썩 물러가렷다."

매향이가 울면서 나가고 이방이 들어왔다. 사또가 눈을 부릅뜨고 말했다.

"낮에는 말 등이 하도 요동쳐 엉덩이에 멍이 들었거늘 밤에는 또 내 양물이 멍들도록 할 참인가!"

황소

　욕심쟁이 나무꾼 최가가 수송아지 한 마리를 사 와서 길렀다. 송아지가 중소도 되기 전에 최가는 나무를 한 바리씩 소 등에 싣고 채찍을 휘둘러댔다. 두어 해가 지나자 최가네 소는 우람한 황소가 되었다.
　지난해 겨울 어느 날, 장에 가서 나무를 팔고 난 최가는 술을 잔뜩 마시고 황소 등에 타자마자 고꾸라져 잠이 들었다. 황소를 타고 집으로 오던 최가는 너무 술에 취해 황소 등에서 떨어져 눈밭에 처박혔다.

밤은 깊어 가고 칼바람은 살을 에는데 오가는 사람도 없는 고갯길에서 최가는 눈 속에 파묻혀 코만 골고 있었다. 황소가 주둥이로 주인을 밀어도 최가는 깨어나지 못했다. 황소는 쿵쿵 뛰어서 고개를 넘고 내를 건넛집으로 들어서자마자 우렁우렁 큰 소리로 울면서 앞발로 마당을 찼다.

최가 부인이 앞뒷집 남정네들을 불러내 횃불을 들고 황소를 따라가 얼어 죽기 직전의 최가를 살려냈다. 이틀 만에 일어난 최가는 황소가 자신을 살려 줬다고 고마워하기는커녕 술 취한 주인을 떨어뜨렸다고 오히려 채찍질했다.

가을은 나무꾼들에게는 대목이다. 힘이 장사인 최가는 해가 떨어진 줄도 모르고 산속으로 들어가 욕심껏 도끼질 톱질로 참나무를 베어냈다. 그때 촘촘한 나무 사이에서 냉기가 흐르며 최가의 몸에 소름이 쫙 돋았다. 쉬익! 호랑이였다. 도끼를 든 최가는 나무 뒤로 몸을 숨겼다.

낙엽 진 나뭇가지 사이로 초승달만 걸린 밤. 아무도 없는 첩첩산중에서 호랑이는 서두르지 않았다. 집채만 한 호랑이는 느긋하게 몸을 틀었다. 바로 그때 콧김을 내뿜으며 황소가 주인 앞을 가로막았다. 우호상박. 황소는 뿔로 호랑이를 받고 호랑이는 발톱을 앞세워 황소를 공격했다. 비겁한 최가는 그 틈을 타 오줌을 설설 싸며 걸음아 나 살려라. 도망쳐 산을 내려왔다. 도끼를 휘둘러 조금만 황소를 도와줬더라도 싸움은 길지 않았을 텐데 황소와 호랑이는 산이 떠나갈 듯 포효하며 오래도록 싸웠다.

삼경이 되어서야 피투성이가 된 황소가 집으로 돌아왔다. 이튿날 날이 새자 최가는 쇠뿔에 받혀 죽은 호랑이를 가지고 내려와 비싼 값에 고기는 고기대로, 가죽은 가죽대로, 뼈는 뼈대로 팔아 주머니를 두둑이 채웠다.

황소는 호랑이와 싸우다 한쪽 눈알이 빠져 애꾸가 되었고 호랑이 이빨에 물려 앞다리를 절었다. 배은망덕한 최가는 쓸모없어진 황소를 도살장으로 끌고 갔다.

댓 걸음 앞도 안 보이게 두꺼운 가을 안개가 낀 날 아침, 최가는 황소 고삐를 잡고 개울 위 외나무다리로 들어섰다. 점심 무렵 안개가 걷히자 가을 가뭄에 바닥을 드러내기 시작한 개울에는 최가가 배가 터진 채 엎어져 있었고, 애꾸눈 황소는 자취도 없이 사라졌다.

음양구분환

 점잖은 선비 이진사가 마음이 뒤숭숭해졌다. 이진사를 들뜨게 만든 것은 부인이 친정 쪽에서 데리고 온 여종, 열일곱 살 꽃분이다. 허리통에 오겹살이 올라 누워도 접히고 앉아도 접히는 마누라만 보다가 잘록한 개미허리에 탱탱하게 벌어진 복숭아 엉덩이를 이리저리 흔드는 꽃분이를 보자 이진사는 그만 얼이 빠졌다.

가끔씩 밤이면 안방으로 가 부인의 옷고름을 풀던 이진사는 꽃분이가 온 후 안방 발길을 뚝 끊었다. 평생 기생집 출입 한번 하지 않고 넉넉한 살림에도 첩 한 번 들인 적 없는 이진사가 때늦게 꽃분이를 보고 나서 상사병이 났다.

밤마다 꽃분이가 물주전자를 들고 와 이부자리를 펴 줄 때면 이진사는 동전 몇 닢을 꽃분이 손에 쥐여 주고 손목을 만져 보는 게 고작이지 마누라 눈을 피해 그 이상 진척은 이뤄질 수 없었다.

어느 날 급한 연락이 왔다. 장모가 병이 깊어 딸을 보고 싶어한다는 것이다. 마누라가 부랴부랴 길 떠날 채비를 하며 꽃분이에게

"진사어른 제때 진지 차려 드리고…."

마누라가 친정에 가고 나자 이진사 가슴은 쿵쿵 뛰기 시작했다.

그런데 웬걸, 대문 나선 지 두어 숨도 되기 전에 마누라가 다시 돌아와

"여보, 당신 세끼는 앞집 순덕어미가 차려 주기로 했습니다"

하고 나서

"꽃분아, 너도 가자. 이참에 고향집 한번 들러야지."

마누라가 꽃분이를 데리고 떠난 후 대낮부터 약주를 퍼마시다가 번개처럼 떠오르는 게 있어 벌떡 일어나 단걸음에 달려간 곳은 단골의원 영생원이다. 허의원이 두 눈을 크게 뜨고 이진사를 맞았다.

술에 불쾌해진 이진사에게 허의원이 수염을 쓰다듬으며

"아니 진사어른, 집에 누가 급환이라도?"

이진사는 털썩 주저앉으며 허의원의 두 손을 잡고

"나 좀 살려 주시오. 허의원."

허의원은 이진사로부터 장황하게 얘기를 듣고 나서

"이거 참, 일이 맹랑하게 되었네. 잘못되는 날에는 악소문이 돌아 영생원은 문을 닫아야 하오."

이진사는 바짝 다가앉아

"잘못될 리가 없소이다. 일이 뜻대로 풀려 소원성취하면 의원님께 크게 보답하겠습니다."

찝찝하지만 허의원은 내락을 했다.

이진사 부인이 꽃분이를 데리고 돌아온 날 밤, 이진사가 피를 토하고 쓰러졌다. 피는 물론 낮에 구해 놓았던 소 피다. 집안이 발칵 뒤집혔다. 이진사는 눈이 뒤집혀져 사지를 비틀고 이진사 부인은 안절부절 못할 때, 꽃분이가 한걸음에 달려가 허의원을 모셔 왔다. 이진사를 진맥한 허의원이 고개를 가로저으며

"오늘 밤을 못 넘기겠소이다. 부인께서는 마음의 준비를 하셔야…."

이진사 부인은 이진사를 안고 대성통곡하다가

"의원님, 무슨 수가 없겠습니까?"

허의원은 쩝쩝 입맛을 다시더니

"실낱같은 희망은 이 약을 먹고 단전에 기를 불어넣는 건데…. 이진사 온몸의 기가 다 빠졌소이다."

이진사 부인이

"기를 어떻게 불어넣습니까?"

허의원은 천장을 보고 한숨을 토하며

"그것도 부질없는 짓이오. 효과가 있을지 확신도 안 서는데다 이 밤

중에 기가 넘치는 생판 처녀를 어디서 구하며 구한다 해도 그 처녀가 응할지도 모르고…."

"사람 목숨이 왔다 갔다 하는 판에…."

이진사 부인이 벌떡 일어나 문을 박차고 나가다가 말고 후다닥 들어와

"등잔 밑이 어둡다더니 꽃분이가 있잖아요!"

꽃분이가 어리둥절해서 서 있는데 이진사 부인은 허의원에게 어떻게 하면 되느냐고 다급하게 물었다.

"지푸라기라도 잡는 심정으로 한번 해봅시다. 숫처녀의 단전을 죽어가는 사람의 단전에 맞대면 기가 옮겨가는데…."

허의원이 다 죽어가는 이진사의 입을 벌리고 음양구분환 열두 알을 먹였다.

허의원과 이진사 부인은 안방에서 초조하게 기다렸다. 동짓달 기나긴 밤, 이진사와 꽃분이는 발가벗고 단전을 맞대고, 단전 아래 옥문에서는 옥수가 흐르고 양물은 돌덩이가 되어 음양이 꽉 서로 물었다. 동창이 밝았을 때 꽃분이가 낯을 붉히며 나와

"진사어른이 살았습니다."

부인은 달려 들어가 이진사를 잡고 엉엉 울었다.

허의원이 목을 빼고 기다리는데 며칠 후 저녁나절, 이진사가 영생원을 찾아갔다. 주막집에 가서 두 사람은 술을 마시고 헤어졌다. 보름이 지나고 한 달이 되어도 크게 보답하겠다던 이진사에게서 아무 소식이 없자 허의원은 이진사 집 사랑방에 찾아갔다.

"일이 성사되었으니…."

이진사 왈,

"제가 술을 거하게 받아 드렸잖아요. 주막집에서."

허의원이 이를 갈았지만, 소문을 낼 수는 없는 노릇. 그 일이 알려지면 이진사는 얼굴에 먹칠만 하면 되지만 영생원은 치명적인 손상을 입는다. 허의원이 사랑방을 나서며

"이진사, 그날 밤에 먹은 환약이 무엇인지 아시오? 음양구분환 말이오. 개똥으로 만들었소."

이진사는 우웩, 저녁 먹은 것을 다 토했다.

이진사에게 큰 병이 새로 들었다. 개똥뿐만 아니라 개만 봐도 토하는 것이다. 이진사 부인이 허의원을 찾아갔더니, 허의원 왈

"그 병은 약이 없소이다. 딱 한 가지 약은 이 세상의 개라는 개는 모두 없애는 거요."

여우 한 마리

　가을이 무르익자 여우 털에 자르르 윤기가 돌기 시작했다. 사냥꾼들이 바빠지는 계절이 온 것이다. 사냥꾼 곽씨가 황금빛이 도는 덩치 큰 여우의 뒤를 밟았다. 여우와의 거리가 좁혀졌을 때 '피융' 화살이 가을 공기를 갈랐다. 여우가 펄쩍 솟아올랐고, 화살은 뒷다리 허벅지 가장자리를 찢고 지나갔다.

　여우는 피를 흘리며 도망쳤고 곽씨는 쫓았다. 추격전 끝에 곽씨는 여우를 거의 따라잡았지만, 또다시 활을 당기지는 않았다. 더 이상 상처가 나면 모피값이 떨어지기 때문이다. 힘이 빠진 여우는 내리막 걸음만 하다가 가막골 동네 산자락까지 내려왔다.

그때 개 한 마리가 달려와 여우 목을 물고 사냥꾼 곽씨가 손쓸 틈도 없이 동네로 내려가 버렸다. 당황한 곽씨는 미리 화살로 여우의 명줄을 끊지 않은 것을 후회했지만 이미 엎질러진 물, 그는 여우의 핏자국을 따라 동네로 내려갔다.

한편, 천석꾼 부자 임첨지는 사랑방 문을 열어 놓고 문지방에 기댄 채 장죽을 뽑아 물고 있다가 깜짝 놀랐다. 누렁이가 여우 한 마리를 물고 온 것이다. 욕심이 동한 임첨지는 뛰쳐 내려가 여우를 빼앗았다.

"살다 보니 이런 횡재수도 생기네 그랴. 껄껄껄."

바로 그때, 삐거덕 대문이 열리며 사냥꾼 곽씨가 들어왔다.

"실례합니다."

"누구요?"

"그 여우를 쫓던 사냥꾼입니다."

정중한 곽씨의 말에 임첨지가 눈썹을 치켜 올렸다.

"그래서?"

"여우를 돌려주시지요."

말이 떨어지기 무섭게 임첨지의 무대뽀가 터졌다.

"당신 집에서 기르던 여우를 우리 개가 물고 왔소?"

"제가 쏜 화살을 맞고 피를 흘리며 도망가는 여우를 한나절이나 쫓아왔습니다."

"산속의 짐승은 모두가 당신 거요?"

언성이 높아지고 동네가 시끄러워지자 둘은 동헌으로 가 사또 앞에 서게 되었다. 자초지종을 듣고 난 사또는 미소를 짓더니 이방을 시켜 여우의 껍질을 벗기도록 했다. 사또가 여우 껍질을 들고,

"가장 먼저 저 여우와 만난 사냥꾼은 여우의 껍질을 원했것다?"

"그러하옵니다."

사또는 여우 껍질을 사냥꾼에게 건네주고 나서 이방에게 물었다.

"다음에 여우를 만난 누렁이는 물론 여우 고기를 원했겠지?"

이방이 고기를 던져주자 누렁이는 그걸 물고 사라졌다.

"임첨지."

"예."

"당신은 도대체 여기에 끼어들 일이 없느니라."

웃음소리가 동헌에 가득 찼다.

영악한 마누라

 오십 줄에 들어선 과부 웅천댁 앞에만 서면 늙은이든 젊은이든 사족을 못 쓴다. 웅천댁은 지주요, 동네 사람들은 소작농이기 때문이다. 어느 날 소작농 범수가 불려 갔더니 웅천댁 왈,
 "이 사람아, 내일 아침에 고리짝 하나 메고 친정에 좀 가세. 친정아버지 생신이라네."
 어느 명이라 거절하겠나. 이튿날 새벽, 비단옷을 넣은 고리짝을 메

고 웅천댁을 따라 길을 나서자마자 눈발이 휘날리더니 이내 폭설이 되었다. 동지섣달 짧은 날도 일찍 출발하면 밤이 늦기 전에 친정에 도착할 수 있는데 눈길이 발목을 잡아 할 수 없이 갯나루 주막에서 하룻밤 묵지 않을 수 없게 되었다. 웅천댁이 말했다.

"방값도 비싼데 두 방 쓸 일이 뭐 있겠나. 자네는 내 아들 행세를 하게."

둘이서 국밥을 먹고 범수는 막걸리 한 사발까지 마셨다. 뜨뜻한 방에 들어오니 졸음이 쏟아져 범수는 옷을 입은 채 쓰러져 코를 골았다. 이상한 낌새에 눈을 뜬 범수는 깜짝 놀랐다. 범수의 바지춤은 무릎까지 내려갔고, 치마와 고쟁이까지 벗어 던진 웅천댁이 씨근거리며 범수의 돌덩이 같은 양물을 쥐고 있었다. 범수가 벌떡 일어나자 웅천댁이

"이 사람아, 나 좀 살려 주게."

웅천댁은 범수를 안고 쓰러졌다.

옥수가 넘쳐흐르는 옥문으로 범수의 양물이 들어가 황소 발이 진창을 밟듯이 철벅거리자 웅천댁은 범수의 목을 껴안고 흐느꼈다. 두 사람은 사흘 만에 집으로 돌아왔다.

이틀도 지나지 않아 웅천댁이 범수를 불러 갔더니 안방에 씨암탉을 고아 놓고 술잔까지 올려놓았다. 범수가 상을 비우고 나자 웅천댁은 호롱불을 끄고 부스럭부스럭 옷을 벗었다. 한바탕 일을 치르고 나서 웅천댁이 가쁜 숨을 가다듬었다.

"자네 없이 못살겠네. 시집와서 보니 신랑이 약골이라 십수 년을 골골하다가 결국 황천 가고 과부로 또 십수 년을 살며 내 청춘을 다 날려

버리고 인생 이렇게 끝나는가 했는데 이제야 내가 여자가 되었네. 자네 덕택에."

꼬리가 길면 잡히는 법. 눈이 펄펄 내리는 날 대낮에 웅천댁과 요란하게 절구질을 해대는데 안방 문이 홱 열리더니 범수 마누라가 눈을 왕방울만하게 뜨고 벌거벗은 두 사람을 내려다보고는 쾅 문을 닫고 나가 버렸다. 범수가 서둘러 옷을 입고 뒤따라 집에 가자 울고불고 펄펄 뛸 줄 알았던 마누라는

"진작에 알고 있었지" 하며 눈을 흘기더니

"내 곁에 온 지 얼마나 된 지 아시오?"

젊고 탱탱한 마누라가 홀라당 옷을 벗었다. 범수는 지은 죗값을 치르느라 정성 들여 꾹꾹 눌러주며

"내가 그 늙고 뒤룩뒤룩 살찐 여자를 좋아서 하겠어?"

마누라는 고맙게도

"당신 처지를 알고 있소" 하며 요분질을 해댔다.

이튿날 점심나절, 범수 마누라가 웅천댁을 찾아갔다. 고개를 푹 숙인 웅천댁이 모기소리만하게

"자네 볼 낯이 없네" 하자 걱정하지 말라는 듯

"마님, 저는 입이 무겁습니다."

범수 마누라는 불쑥

"마님, 마님이 원하실 때 제 신랑을 빌려 드리겠습니다. 한번 쓰실 때마다 쌀 한 말과 닭 한 마리를 주십시오."

웅천댁이 눈이 둥그레졌다가 곰곰 생각하더니

"농사철에 일 잘하는 황소를 하루 빌려도 콩 서되인데 너무 비싼 거 아닌가?!"

"비싼 게 아닙니다. 우린 신랑 땀 흘리는 값에 제 속 썩는 값, 그리고 이틀 거리로 쇤네를 안아 주던 신랑이 닷새 거리가 되었으니 그것도 마님께서 보상해 주셔야 됩니다요."

웅천댁이 한숨을 쉬더니

"닭은 또 무슨 값인가?"

"밥만 먹고 힘을 쓸 수 있습니까!"

이상한 거래는 그렇게 이루어졌다.

흑룡의 여의주

 권대감의 딸이 세도가 민대감의 삼대독자에게 시집가던 날, 온 장안이 떠들썩했다. 세상의 부러움을 한몸에 받으며 시집을 간 신부는 부귀영화로 가득 찬 시댁이 밤이나 낮이나 웃음뿐인 줄 알았는데 근심 걱정도 있다는 걸 알았다. 신랑이 결혼 전에 벌써 일곱 번이나 과거에 낙방한 것이다.

설상가상, 혼인한 지 1년이 가까워지자 또 하나의 걱정거리가 생겼다. 시댁 식구 모두가 새신부 배를 뚫어지게 보는데 아직 입덧조차 없으니 근심거리가 아닐 수 없었다. 손발이 찬 신랑이 공부한답시고 별당에 독거하며 가뭄에 콩 나듯이 신방에 오지만, 신부의 옷을 벗기고 껍죽껍죽하다가 도망치듯이 별당으로 돌아가곤 해 신부는 자신의 배 속에 아기가 들어서지 않는 이유를 잘 알고 있었다.

설 준비에 집안이 부산하다고 신랑은 책 보따리를 싸 들고 암자로 들어가고, 밤늦도록 부엌에서 일한 새색시가 빈 신방에 들어와 쓰러져 잠이 들었다. 문이 홱 열리고 일진광풍이 불더니 눈을 부릅뜬 흑룡이 새색시의 치마 속으로 들어가 여의주를 옥문 속으로 밀어 넣고 굽이쳐 밖으로 나가 하늘로 치솟았다. 새색시는 벌떡 일어나 손을 넣어 흥건히 젖은 옥문을 만져 보니 온몸이 불덩이처럼 달아올랐다. 용꿈을 꾼 날 잉태를 하면 그 아들은 장차 천하를 호령하는 큰 인물이 된다는 걸 잘 알고 있는 새색시는 몸을 부르르 떨었다. 새벽닭이 울면 용꿈은 물거품이 되는데, 신랑은 삼십 리나 떨어진 암자에 있다.

이 일을 어떻게 해야 할 건가? 권대감의 딸, 새 신부는 당황하지 않았다. 그녀는 냉철하게 곰곰이 생각한 후 만물이 잠든 삼경에 장옷을 덮어쓴 채 신방을 나서서 고양이 걸음으로 뒤채에 있는 젊은 총각 집사의 방으로 갔다.

인기척에 잠을 깬 집사는 깜짝 놀랐다. 새신부가 장옷을 벗어 던지고 알몸으로 젊은 집사의 품에 안긴 것이다. 살과 뼈가 타듯이 격렬한 합환이 세 차례나 이어진 후 새신부가 신방으로 돌아와 자리에 눕자 꼬끼오 새벽닭이 울었다.

집사의 작고한 아버지는 신부의 아버지 권대감, 그리고 시아버지인 민대감과 절친한 친구였다. 집사의 아버지 이대감이 사화에 휩쓸려 목숨을 잃지 않고 그 집안이 망하지 않았다면 권대감의 딸은 집사의 신부가 되었을지도 모를 일이었다.

설이 지나고 친정에 간 신부는 오빠에게 패물보따리를 전해 주며 사람을 시켜 감쪽같이 집사를 죽여 달라고 부탁했다. 며칠 후 용인에 심부름 갔던 집사는 사흘이 지나도 돌아오지 않았고, 민대감댁 하인들이 몇 날 며칠을 찾아다녀도 허사였다.

열 달 후 새 신부는 달덩이 같은 아들을 낳았고, 세월이 흘러 그 아들은 장원급제하고 민대감댁 가세는 더욱더 흥했지만 민대감 며느리 가슴속에 맺혀 있는 죄책감은 해가 갈수록 커져만 갔다. 삼천리 방방곡곡 절과 암자를 찾아다니며 집사의 극락왕생을 빌고 또 빌었다.

구월산 억수암에 발길이 닿은 민대감 며느리가 스님과 눈을 마주치자 잘못 본 것이 아닌가? 눈을 씻었지만 틀림없는 그 사람, 죽은 집사였다. 스님은 태연했다.

"스님, 저를 모르시겠습니까?"

"삼라만상, 닮은 사람은 많지요. 나무아미타불 관세음보살."

그때, 오빠는 어릴 적 서당 친구인 집사를 죽이지 않았고, 친구에게서 패물보따리를 건네받은 집사는 멀리멀리 사라졌던 것이다.

* 다음 이야기는 『사랑방야화 3』에서 계속 됩니다.

초판 1쇄 인쇄 2012년 9월 17일
초판 1쇄 발행 2012년 9월 25일

글 · 그림 | 조주청
기획 · 편집 | 농민신문사 출판기획부 이종순, 김귀남
디자인 · 인쇄 | 금명문화(주)

발 행 처 | 농민신문사
등록번호 | 제 1-1218호
주　　소 | 서울시 서대문구 미근동 267 임광빌딩 15층 농민신문사
홈페이지 | http://www.nongmin.com
마 케 팅 | 농민신문사 출판기획부
　　　　　　 T. 02-3703-6136　F. 02-3703-6204

편집저작권 ⓒ 2012 농민신문사

이 책은 저작권법에 의해 보호받는 저작물이므로
무단전재와 복제를 금합니다.
파본은 교환해 드립니다.

ISBN 978-89-7947-122-9
ISBN 978-89-7947-111-3 (세트)

값 12,000원